U0018291
Hijacked
by Your
Brain
Hijacked
by Your
Brain
Hijacked
by Your
Brain

Hijacked
by Your
Brain

壓力管理大腦使用手冊

科學鍛鍊大腦最佳狀態，高壓下保持清晰思維

朱利安．福特 & 喬恩．沃特曼——著

廖亭雲——譯

Hijacked by Your Brain

How to Free Yourself When Stress Takes Over

by

Dr. Julian Ford & Jon Wortmann

獻給茱蒂和詹

目錄

CONTENT

作者序 7
前言 8

第一部 壓力與大腦

第一章 生存腦 20
第二章 學習腦 47
第三章 鍛鍊最佳大腦 76

第二部 壓力管理大師沒教的事：專注

第四章 進入專注狀態的SOS 102
第五章 跳脱現狀：用自我管理取代反應 116
第六章 重新定位：重拾內在羅盤 128
第七章 自我檢查：解讀身體儀表板 148
第八章 無法執行SOS時：辨識導火線 175

第三部 被壓力佔領前的三種定位方法

第九章 發揮情緒力量 200
第十章 實踐核心價值 226
第十一章 制定最佳目標 250

第四部 理想人生

第十二章 做出最佳選擇 270
第十三章 做出貢獻 288
第十四章 邁向理想的過程難免會有陷阱 315

附錄一 延伸閱讀 330
附錄二 SOS技巧摘要 334
附錄三 FREEDOM技巧摘要 340
謝辭 343

作者序

本書中描述的故事全都是真人真事，我們有幸能夠親眼見證，甚至協助數千人學會管理自己大腦中的壓力警鈴，重新拿回人生的主控權。在我們提到的所有案例中，故事的細節都經過改動，以確保每位當事人的隱私。如果我們的文字敘述與我們認識或共事的對象有雷同之處，這並非我們的原意，也不該被錯誤詮釋為描述任何一個特定個人。此外，我們希望讀者能從這些故事中看到自己，和這些面臨現代生活壓力的人一樣，將焦慮和絕望轉化成讓世界更美好的機會。

前言

我們要如何避免自己的生活被壓力綁架？

不論我們把壓力控制得多好，它早晚還是會壓垮我們；即使是面對緊繃壓力仍能冷靜自若的人，也會有壓力潰堤的時候。

儘管我們費盡心思管理壓力，我們還是會：

- 發現自己在爭論過程中說出違背真心的話。
- 忘記對別人的承諾，因此必須面對他們的失望和自己的罪惡感。
- 在面對霸凌者或施虐者時，選擇退縮而非強硬的態度。
- 太在乎競爭以至於無法保持理性，或是因為過於緊張而呼吸困難。
- 衝動行事，導致做出不該做的事。
- 在發現自己必須負起責任時責怪他人。

‧在必須往前走時耽溺於過去。
‧無法原諒自己或他人。
‧面對重要期限時選擇拖延或放棄。
‧因為最為不足道的小事而徹底崩潰。

當壓力佔上風，而我們的判斷力和適當應對的心態失靈時，有可能會導致非常糟糕的後果：有時候是立即發生，但更常見的情況是逐漸現形。我們通常渾然不覺，直到生活陷入危機，重要的人際關係分崩離析，才赫然發現已經不知道該怎麼做，才能成為理想中的自己。

那麼，究竟為什麼會發生這種情況？解決方法又是什麼？

科學家展開一系列新研究，希望深入了解壓力如何影響人們，不只對人體造成影響，更深深影響大腦。這些研究並非著重於一般日常生活中的壓力來源，而是集中探討非常專精的領域，也就是所謂的創傷壓力或心理創傷。

創傷壓力的來源通常是讓你感到震驚和恐懼的事件，在事發當時讓你的生命感受到威脅。事件過去後，你會為自己還活著而心懷感激，但這段經歷也會因此對大腦產生深遠的影響。

目前尚未有研究證實創傷會損害大腦，但確實會改變大腦的運作方式，也會大幅改變身體應對壓力情況的方式，而這些變化可能會導致個人連生活中再常見不過的壓力都難以負荷。

對大部分的人來說，創傷壓力可能會引發創傷後壓力症候群（post-traumatic stress disorder, PTSD），症狀可長達數個月或數年。不過目前針對PTSD患者進行的研究結果顯示，科學家已經找出可以協助這些人擺脫壓力反應的有效方法。

就算你沒有經歷過創傷，這些研究的新發現對你同樣有幫助。了解創傷壓力對大腦產生的影響，有助於我們理解在歷經每一種壓力崩潰的過程中，大腦裡面究竟發生了什麼事。

即使沒有劇烈的心理創傷，壓力荷爾蒙也可能會在人體內流竄，例如電話響個不停的時候，伴侶或小孩做出惱人的行為，塞車的時候被其他駕駛超車，或是發現自己必須收拾同事留下的爛攤子。這些情況的發生通常都很隨機且莫名奇妙。

多數時候，你可以掌控情況並有效管理自己的壓力反應。你只要深呼吸、數到十，記得別為小事抓狂，就可以繼續過日子。不過有些時候，當壓力失控，一連串的反應就會開始像野火一樣蔓延。你感到一陣暴怒，血壓飆升，心跳加快，思緒狂亂。你覺得壓力實在太大，以至於徹底忘記所有的壓力管理技巧，根本無法冷靜下來。而這種無法控制的感覺讓你感覺更糟。

理論上，一般事件所引發的壓力失控反應，和面對生命威脅壓力所引發的生理反應並不相同，然而我們的大腦在這兩種情況下的失調方式卻驚人地相似。

當你覺得壓力大到無法應對，不論嘗試什麼方法都沒有用，你該怎麼辦？

遺漏的步驟：注意聆聽大腦的警鈴

壓力——更明確地說是壓力反應——本身並不是問題，**這些反應是個人安全和健康的根源，值得我們深入了解並重視**。的確，聽起來有點瘋狂，壓力反應怎麼會讓生活更健康？科學研究不是證實壓力會造成無數疾病和社會問題嗎？壓力難道不會讓生活悲慘無比嗎？

這些說法沒錯，但也大錯特錯。確實不斷有研究指出，當一個人壓力越大，或者家庭、社會、工作和學校環境有越多引發壓力的條件，就越有可能生病或情緒焦慮。然而這些研究並沒有證實壓力反應是「有害的」。

壓力事件會觸發壓力反應，但在這個方程式中，有個關鍵的連結沒有被注意到：壓力事件會觸發**大腦內部變化**，進而觸發身體產生反應。這個中間步驟非常關鍵，當我們能夠意識到大腦出現變化，壓力反應就不會惡化成情緒崩潰，反而會變成無價的資訊，幫助我們打造更快樂、健康的生活。訣竅在於你必須了解自己的大腦，才能準確翻譯大腦釋放的訊息。

若想真正降低壓力，你必須先了解大腦的構造，以及如何運用這些資訊來管理壓力。儘管突破性的科學研究成果已累積超過十年，還是有很多人根本不知道每個人的大腦裡都有一個警鈴。這個警鈴可使我們遠離極端危險的影響，讓我們的思緒持續專注於日常生活。然而當大腦警鈴變得極端活躍，等於是綁架了整個大腦，你的身體和你的生活也會跟著被綁架。

為了緩解極端壓力造成的心理和生理痛楚，我們常常未經思考就做出反應，做出會讓自己後悔的事。其實我們可以學習和大腦警鈴以及大腦中樞建立合作關係，讓我們更容易維持平靜和冷靜。這本書有兩大目標：一是為你提供大腦的使用指南，二是介紹各種技巧，協助你改變大腦對應壓力的方式。

經驗的累積與解決方案

在這本書中有兩位嚮導，引領你踏上認識大腦的旅程。臨床心理醫師朱利安・福特博士（Dr. Julian Ford）曾與數百名來自不同背景，但都深受創傷壓力和PTSD所苦的兒童、青少年和成人進行諮商，他將時間全部投入於治療嚴重暴力、虐待、戰爭和自然災害的倖存者。過去四十五年來，他和同僚與學生合作，治療從戰場歸來的軍人、生活貧困的女性與小孩、服刑的青少年與成人，以及有成癮問題和嚴重心理疾病的男性與女性。福特專精於情緒控管的核心技巧，眾多機構如世界衛生組織（World Health Organization）、美國衛生研究院（National Institutes of Health）、美國衛生及公共服務部（U.S. Department of Health and Human Services）、美國退伍軍人事務部

（Department of Veterans Affairs）和美國疾病管制中心（Centers for Disease Control），都曾向他請教關於創傷壓力的治療和預防議題。

喬恩・沃特曼（Jon Wortman）於哈佛大學神學院畢業後，從公共服務部門展開他的職業生涯，包括在醫院和教堂任職以及服務遊民。當他開始和企業合作人才培訓計畫時，他注意到企業提供的解決方案和支援可以在短時間內阻止問題發生，卻從沒有教導個別員工如何運用技巧改善自身處境。對沃特曼來說，福特的研究就像是牛頓的蘋果。福特的研究目標是追蹤對個人和組織造成負面影響的長期模式，揪出其成因，並且擬定一套策略來應對這種情況。沃特曼把福特的方法套用在長期患病或處於悲痛的人、壓力龐大的執行長，甚至套用在大學運動員身上，最後所有人都表示自己管理壓力的能力得到了改善。

從兩人加起來共五十多年的研究和照護經驗中，我們可以發現，不論是遭遇嚴重創傷的人，或是試圖處理常見壓力的一般人，他們都有一個共同的問題：誤解大腦對壓力的反應方式。壓力和大腦不是我們的敵人，大腦因為壓力而崩潰並不代表大腦不正常或發生問題，只是陷入了長期且不必要的壓力反應。當我們陷入困境的時候，需要有效的指引來幫助我們重獲自由。

減壓指南

目前沒有任何指南能告訴我們，當壓力引發崩潰的當下（或者能夠在崩潰之前更好），應該如何讓我們的心理和生理脫離這種狀態。市面上有許多探討大腦功能及教授壓力管理技巧的經典書籍，但是這些與我們想要解決的問題還是有一段落差。我們的目標是協助你了解大腦接收壓力時會如何變化，如此一來你就知道該怎麼有意識地運用大腦。

本書第一部要探討的是大腦的壓力反應和壓力管理系統。我們會說明當警鈴被觸動時，大腦如何進入生存模式，並自然而然地將意識轉移到專門處理學習思考和記憶的中樞。把壓力視為單一問題是一種常見的錯誤，我們不會重蹈這樣的覆轍，而是向大家解釋如何把壓力當作機會，和腦中的警鈴與學習中樞建立合作關係，更有效地管理壓力。若是合作成功，就不會再輕易發生情緒崩潰的狀況，或者至少這種狀況會變得更短暫、更溫和，也更容易控制。

第二部的內容則要讓你了解根據大腦最有效運作模式而發展出的兩種技巧，只要勤加學習與練習，就能在生活中建立並維持上述與大腦的合作關係。你可能會想問：

「難道不需要抗憂鬱或抗焦慮藥物，或者甚至動手術，就能平衡大腦中的化學物質嗎？」

用藥確實有幫助，但是無法改變大腦警鈴系統的運作方式，因為藥物沒辦法啟動大腦的學習系統。為了做到這一點，你必須重新設定大腦。這必須運用大腦最強大的能力，也就是思考能力，才能建立大腦各個區塊的連結。在第二部提到的兩種專注方式都是基於腦神經科學原理，有助於簡化大腦在壓力反應中所扮演的角色。運用大腦最有效率的方法，幾乎都是刻意的專注行為，因此我們會說明如何用容易記憶且經臨床試驗證明有效的方式來讓自己專注。

來到第三部，你已經得知許多絕佳方法來重新設定大腦警鈴，但幾乎每種方法都和我們過去所學到的壓力應對常識不一樣。即便是應對壓力的專家，也會把重點過度聚焦於擺脫、走出或戰勝壓力反應。壓力反應自有其用途，壓力反應無法被消滅，但只要及早發現並且把它轉化為有用的訊息來源，將有助於大腦的運作，讓我們專注於生命中最重要的事物。我們會列舉出你的身心應該專注的三大領域，克服常見的錯誤，例如壓抑或忽略來自大腦警鈴的重要訊息。

當你學會運用記憶和思考中樞來重設警鈴，就能重拾大腦的控制權。可惜的是，我們身邊大多數人還是陷在對於壓力和大腦的誤解之中。因此本書最後一部分會協助你做足準備，以可行的方式將這些知識實際應用在每一天的生活。你將具備自我管理壓力的能力，並且以更有意義的方式和還沒學會這些技巧的人互動。

這並非不可能的任務，只要付出努力，就能發掘賦予人生終極意義的平靜和自信，而這項成果絕對值得。

第一部

壓力與大腦

Stress and the Brain

第一章 生存腦

首先讓我們談談壓力是什麼感覺。大多數人都知道極端的壓力是什麼感覺，卻經常會忽略天天伴隨在自己身旁的那些壓力。

檢查一下你的壓力指數，從一到十來衡量，「十」代表這是你人生中感受到最大的壓力，「一」則代表這是你人生中最放鬆快樂的狀態。那麼，你此時此刻的壓力指數是多少呢？

如果你現在是在家中舒適的椅子上閱讀，或是躺在海灘上放鬆度假，或是在小憩時品嚐喜愛的咖啡，壓力指數應該不高，大概落在一或二。但如果你人在飛機上，鄰座的乘客正在咳嗽，你的壓力指數也許會是在三或四之間。如果你現在身旁都是討厭的對象，或是你正陷入拖延狀態而限期步步逼近，壓力指數應該會更高。

現在讓我們快速做個實驗。

請想像你的財富突然全部消失，更糟的是，你孤身一人，沒有親友可以提供協助。你真的一無所有了。花一點時間，把自己帶入這個情境之中。現在你的壓力指數是多少？

比剛才自我檢查的指數更高嗎？大多數人只要想到損失所有財產，很容易就會感覺到壓力升高。我們每個人都能注意到有壓力是什麼感覺，而在這本書中，我們會持續使用這種衡量壓力指數的練習來協助你掌控壓力，而不是任由壓力控制你。

現在讓我們減輕你的壓力。

想一想你最深愛的人，只要和對方在一起，你就會感到無比安心。想像對方的臉龐因為看到你而開心雀躍。如果現在這個人就在你身旁，盡情地盯著對方一會兒吧！（如果他發現你正緊盯著自己不放，就說你正在做實驗，稍後再解釋怎麼回事。）

壓力指數下降了嗎？

壓力減輕的程度取決於你有多專注，如果你可以專心想著深愛的對象或專心體會對方的陪伴，壓力指數應該會下降。因為解決壓力反應最快速也最有效的方法，就是從重要的親密關係中獲得安全感。如果壓力指數沒有下降，並不代表你有任何問題，只不過是上述的方法沒能讓你在當下專注思緒。在本書中，我們會協助你探索能讓你專注的事物，進而學會管理壓力的最佳方式。

開頭的實驗和第一章的目標，都是為了幫助你釐清腦中的壓力從何而來。有時候壓力會突然出現，有時候則是逐漸浮現。觀察自己壓力產生的方式，將有助於你建立管理壓力所需的觀念，進而以最佳狀態體驗人生。

不過，這表示我們現在得再次拉高你的壓力指數。我們對接下來的做法深感抱歉，但這是很關鍵的步驟。

請想像你接到以下的電話：你深愛的人發生意外，受了重傷，而且很可能死亡。你再也無法見到對方了。

用幾秒鐘的時間感受這個可怕想法所帶來的衝擊。

觀察在你腦中和體內流竄的想法和情緒，你應該會注意到，自己很難維持清晰的思緒，彷彿腦中有什麼東西被觸發，你甚至無法聽清楚自己在想什麼。

如果你剛才處於深信不疑的狀態，你所感受到的就是壓力上升的反應。

現在請再次想著你深愛的人。

請回想你最喜愛的體驗：你們喜歡一起從事的活動、最愛的餐廳，或是對方做的某件小事總是讓你忍不住微笑。如果你能想起一段讓自己徹底感受到愛意的體驗，請留意接下來的情況，你應該會感覺到壓力下降。

你有發現，當自己專注在人生中最珍貴、最重要的事物上，壓力的感受也會隨之改變嗎？我們的目的並不是玩弄你的情緒，而是讓你了解到控管壓力的源頭是如何保持專注，以及專注在什麼目標上。過去所學到的常見解決方法，像是正向思考或解決問題的技巧等，當然也會有幫助。但是在你可以確實地正向思考或有效解決造成壓力的問題之前，你必須先把思緒集中在對你最重要的事物上。

接下來讓我們告訴你該怎麼做。

壓力與現代生活的反諷

唯有當我們認知到人體的一切構造就是為了感受壓力，我們才有辦法開始學習如何集中思緒。人的生理構造有一部分是為了保障安全和維持警覺，然而多數時候我們卻把這種天生的保護機制視為缺陷。我們會避開引發壓力的事物，直到我們不得不面對，例如在職場或學校表現出拖延的傾向，總是等到最後一刻才執行艱難的工作，拖到最後一天才去採買過節所需的東西。

當我們感受到壓力，就會試圖忽略自己的感受；我們會看電視、玩線上遊戲，或是沉浸在小說中。不幸的是，如果忽略壓力這個方法沒有用，我們就會開始用盡各種方式讓自己好過一點，即使我們明知這種方式對自己沒好處。就算做到了這種程度，我們還是無法逃離壓力。

壓力無可避免。

如果要學會有效管理壓力，就必須先承認這件事：我們怎麼樣都無法避開壓力。事實上，覺得有壓力非常自然，畢竟導致大腦產生壓力的威脅無所不在。物價上漲、工時超標、數小時的通勤時間、繳不完的房貸，到處都是壓力，再加上行程爆滿、二十四小時在線待命、全球化競爭等，讓我們既疲憊又厭倦。我們真的太忙碌了。

諷刺的是，忙碌的現代生活也給了我們更多管道獲得資源和慰藉，資訊、食物、冷暖空調、醫療照護、各種娛樂，堪稱人類史上前所未見，但是沒有任何一種科技的進步能讓我們對壓力免疫。

更諷刺的是，壓力管理技巧已經可以算是二十一世紀人人必須具備的基本知識，大多數的人甚至比上個世紀最有權勢或最聰明的人物更懂得如何應對壓力。

想想我們擁有的一切：健身俱樂部開始附贈瑜伽課程，越來越多的冥想團體和靈修聚會可以參加，許多醫院的正念訓練課程已納入保險支付範疇；多數社區都設有健身中心，還有各種適合健走、跑步、騎自行車的專用道路；全球數百萬的心理健康和社會福利專家提供諮詢服務，緩解人們因嚴重創傷造成的痛苦，或是工作及家庭引發的常見壓力。即便如此，我們還是經常感覺到壓力。

如果要發揮大腦應有的功能來減緩壓力，首先必須了解大腦中引發壓力反應的部位，以及如何把這些反應化作有用的訊息。

警鈴

每個人的大腦內都有一個警鈴。

科學家認為，人類所有的情緒都源自大腦的特定區塊，而在這一區的深處有兩個杏仁狀的構造，叫做杏仁核（amygdala），分別位在左腦和右腦的對稱位置。人類中樞神經系統的這個古老區塊就和鬧鐘一樣負責喚醒我們，或是在發生危及生命的緊急事件時像火災警鈴般發出警告。

杏仁核的功能是在必要時通知人體保持警覺，它會發出兩種不同類型的訊息。第一種訊息負責一般從睡眠到清醒的轉換，例如從無聊或做白日夢的狀態切換到集中注意力的狀態。當老師或老闆叫你的名字，就是杏仁核在提醒你的身體和大腦要重新集中注意力並且回應。這個警鈴也會在其他人表現出需求或情緒時產生反應，例如小嬰兒哭泣，或是朋友表現出特定的神情或語調時，你可以判斷出他們感到不悅。當你在開車過程中發現自己一時恍神沒看路，突然拉回注意力，這就是杏仁核在發送喚醒訊號。大多數時候，這個警鈴是個好幫手，就像小木偶皮諾丘的夥伴小蟋蟀一樣，在必要時提醒我們集中精神和注意力。

你可能從未注意到警鈴在輕聲提醒你要提高警覺，但你一定知道警鈴響起和靜止時的差別。剛起床時，警鈴通常還處在待機狀態，你的生理和心理也處在冷靜平穩的狀態。你可能需要洗個熱水澡，或是聞到咖啡的香味，警鈴才會啟動，提醒你注意一些小事，比如記得刷牙好保持口腔健康，或者做些晨間瑜伽舒展筋骨。

不過，在某些早晨你會睡過頭。當你從床上一躍而起，發現自己遲到了，那股竄過全身的驚嚇感也是源自杏仁核，只不過這時除了基本的喚醒訊號之外，還加上了第二種訊息。在你意識到問題的瞬間——事實上，早在你真正意識到問題之前，大腦最深層的區塊已經辨識出即將有麻煩事發生，然後大腦警鈴會發送「採取行動」的訊號，告訴你：「別只是呆坐著，動起來！」

這就是第二種類型的訊息，伴隨著腎上腺素飆升。在這種情況下，大腦警鈴會警告你正面臨緊急事件，這種感覺比較類似刺耳的火災警鈴，而不是柔和的床邊鬧鐘。此時大腦警鈴的功能不再是讓你有效率且開心地投入與周遭的互動。

此時此刻，警鈴正在發出紅色警報，告訴你的身體要動員一切資源來應對眼前的危機。在這種極端情況下，警鈴必須發揮最重要的功能，就是生存。當人面臨威脅或受到實際傷害，大腦警鈴就會升高為警報狀態，這正是杏仁核的緊急功能。我們看到拿著刀子的男性會拔腿就跑，正是因為警鈴聲響遍全身；有人在汽車迎面而來時會不加思索地把其他人從馬路推開，能做出這種英雄般的舉動，也是因為警鈴發揮作用。如果沒有時間停下來思考，必須立即選擇戰鬥或逃跑，才能避免、逃離或對抗危急生命的威脅，那麼警鈴就會催促我們採取行動，拯救自己或身旁的人。

警鈴可能誤報

然而最大的問題在於，特定類型的壓力可能會導致警鈴誤報。每個人的杏仁核都有可能從得力的警示小幫手，變成過度活躍的問題兒童。更令人頭痛的是，有時候並沒有緊急事件發生，或是當危機已經過去、問題已經解決，警鈴卻仍舊處於生存模式。我們生活中有非常多壓力，正是因為警鈴發出的警告程度和實際的危險程度並不相符所造成的。

舉例來說，假設有個銷售業務開會快要遲到了，他跑出家門卻忘了拿車鑰匙。當他衝回門口，兩歲的女兒跑向他，於是他大吼：「現在不行。」原本露出微笑的妻子以為自己可以多得到一次吻別，但現在她只想大吼，因為丈夫的警鈴也觸發了她的警鈴，產生同樣強烈的反應。

如果大腦警鈴無法辨別生存威脅和生活中的事件，警鈴的預設選項會選擇發出重大緊急事件的訊號，例如某個一九五〇到六〇年代的經典社會心理學實驗。當一般人處於看似必須採取極端手段的情境下，其反應方式竟是對陌生人甚至同學施加令人難以想像的暴力懲罰；即使受試者明白自己正在進行實驗，他們的反應方式仍然與一般預期的不同。

在著名的「米爾格倫實驗」（Milgram Experiment）中，受試者以為自己正在對實驗對象施加極為痛苦的電極懲罰，然而在另一個房間接受懲罰的人其實是演員，電擊也不是真的，只是受試者並不知道實情。即便受試者知道自己正在傷害其他人，他們還是持續進行電擊，只因為實驗人員要求他們這麼做。這些受試者深信：「我別無選擇！」也許他們知道自己不該只因為一個人答錯了問題就傷害對方，他們應該停止電擊，但腦中的警鈴卻凌駕了他們的理智。

每位受試者原本都可以選擇做對的事，並且停止這種看似極為殘酷的行為，但是他們無法清晰思考，以至於忘記了自己原本的價值觀。這並不是在批評他們，因為我們每個人每一天都會發生這樣的狀況，只不過平常當我們犧牲自己真正重視的事物時，並不會引發如此明顯且令人焦慮的後果。通常我們會以比較隱晦的方式做出這種行為，例如用惡意的態度面對犯了小錯的伴侶或孩子。

在另一項「史丹佛監獄實驗」（Stanford Prison Experiment）中，扮演獄警的大學生對其他扮演囚犯的學生表現出極為暴力的報復心態。這類由警鈴引起的過度反應，並不是因為受試者本身的價值觀或腦袋原本就很邪惡，他們只是竭盡全力在應付這種預期之外且充滿極大壓力的挑戰，而且他們並沒有意識到自己腦中的警鈴響起。

真正的問題在於，這些受試者的警鈴徹底誤判了眼前難題的嚴重性，因此觸發了不必要的生存反應。實際上並沒有人真的身處險境，至少施加惡行的那些受試者沒有。就如作家史迪芬・平克（Steven Pinker）在其作品《人性中的善良天使》（*The Better Angels of Our Nature*）所提到的，有力的證據顯示人類並沒有與生俱來的殘酷傾向。上述這些受試者為何做出如此反應，最充分的解釋就是他們的大腦誤判必須採取極端手段才能生存。當壓力導致大腦誤判情勢，可能會使得我們過度反應，因而在親密關係、工作場合或生活中任何重要的領域造成傷害。

但健康的大腦怎麼會在生命並非真正遭受威脅時，迫使我們做出對其他人施暴這麼瘋狂的事？當壓力隨著時間累積，或是歷經極端壓力之後，如創傷意外、暴力或虐待，大腦警鈴可能會變得過於敏感且容易過度反應。你原本可能只是在從事完全無害的活動，例如和小孩一起投籃，結果孩子不小心用球打到你，下一秒，你發現自己竟然在對著孩子咆哮。在上述實驗中，受試者根本沒有意識到自己的情緒和思考已經切換至生存模式，但他們的行為透露了實情。大多數人從來沒有察覺到極端壓力的徵兆，直到為時已晚，直到難以承受，情緒隨時會爆發。但其實我們可以及早發現。

在下一章，我們將會協助你學習如何緩和並重設警鈴，避免「壓力無所不在」的感受，也避免出現極端的警鈴反應。然而極端的警鈴反應還是有存在的必要。在某些特殊狀況下，我們就是需要飆升的腎上腺素，還有隨之而來的生理和心理力量，來面對生活中真正緊急的事件。

浩克與超人

一九六二年，史丹・李（Stan Lee）和傑克・科比（Jack Kirby）創作了漫畫《不可思議的浩克》（*The Incredible Hulk*），描述主角布魯斯・班納博士接觸到致命劑量的輻射線，會在日落時從沉默寡言又拘謹的博士變身成另一個人格浩克。儘管原版漫畫在推出六期之後就停刊，但這個角色的故事還沒結束。

雖然史丹・李表示這個創作是受到《化身博士》（*Jekyll and Hyde*）和《科學怪人》

（*Frankenstein*）啟發，傑克・科比卻說是因為看到一位女性為了救自己的孩子而抬起汽車。當浩克在新系列《驚異故事》（*Tales to Astonish*）重新登場時，成了我們現在所知的經典角色。他從科學家變身為巨大的綠色怪物，關鍵在於極端的情緒壓力，不論是出於恐懼或憤怒。現在我們可以開玩笑地說，是伽馬射線導致浩克表現出過度活躍的警鈴反應。

這個漫畫角色也讓我們在現實世界中對大腦警鈴的理解產生更大的疑問：不論這是真實發生的事還是宣傳手法，一個母親真的有辦法把汽車從小孩身上抬起來嗎？就算年代不同，汽車的平均重量仍舊落在一千八百公斤左右，難道人類真的有可能變得像浩克一樣嗎？

一旦我們自身或周遭的人遇到威脅，警鈴就會立刻啟動。沒有什麼比自己的孩子陷入生命危險更加危及的事情了！在這種情況下，警鈴當然會啟動我們最極端的反應。但就算如此，警鈴真的能讓人抬起比自己重二十五倍的汽車嗎？

一九八二年，年近六十的女性安潔拉・卡瓦洛（Angela Cavallo）抬起一輛六四年的雪佛蘭羚羊（Chevy Impala）轎車長達五分鐘，好讓鄰居能救出她的兒子。美聯社報導了這起事件，而專欄作家西塞・亞當斯（Cecil Adams）在二〇〇六年訪問卡瓦洛後也確認了此事的真實性。當時她的兒子正在院子車道上修理汽車的懸吊系統，意外把車子晃出千斤頂。安潔拉走出家門外時，發現他被重壓在車下且陷入昏迷。

根據亞當斯的描述：

安潔拉一邊高聲叫喊鄰居小孩來幫忙，一邊用雙手抓住車子的一側，然後用盡全力往上拉。美聯社報導指出，她把汽車抬高了約十公分；她本人則懷疑沒有這麼多，但至少足以分擔一些壓力。安潔拉完全不記得救援的經過，美聯社則表示有兩位鄰居重新架好千斤頂，成功把她的兒子拖出來。

很幸運地，她的兒子完全康復了。但問題是，一位一百五十九公分高的女性，真的能做出強壯男性在體能競賽中才會出現的壯舉嗎？

若從大腦警鈴可以發揮人體最大力量這一點來看，確實有這個可能性。這則故事突顯出一大重點，我們希望你可以好好記住：大腦中的警鈴本身並不是問題，事實上，有很多時候，警鈴反而是解決方法的來源。在極端情況下，我們需要警鈴讓我們幫助自己或其他人活下去。如果沒有它負責偵測潛在威脅，那麼母親就絕對無法在孩子摔下椅子前接住他。

真正的問題在於，當大腦警鈴誤報時，大部分的人都不知道該如何讓它緩和下來。現在請你回想開頭的壓力指數自我檢查，指數「一」代表完全沒有壓力，「十」則表示感受到非常大的壓力。許多時候，我們明明可以輕鬆處在指數一、二或三的狀態，放鬆地專注在當下最重要的事，但我們的壓力指數卻一直徘徊在七或八之間。即便緊急狀況早已解除，不再需要警鈴讓自己保持在警覺狀態，我們仍然用相同的強度去回應不緊急也不會威脅到生命的事件。

壓力反應的兩種類型

不論大腦警鈴正在活動或是處於緩和狀態，在辨識訊號之前，必須先了解警鈴或壓力會使人體產生什麼生理反應。當大腦感應到問題，警鈴就會啟動身體的壓力反應系統。在我們的祖先透過打獵和採集尋求溫飽的時代，大腦必須讓人隨時保持警戒；

當時的世界危機四伏，人們的大腦必須時時專注，以確保自身的安全。

幸好，現在我們採購食物時不會再遇到獅子了。儘管人類社會已經進步，我們的大腦還是持續掃描生活中潛在的每一個危機。而我們最常遇到的問題，是各種刺激不斷地疲勞轟炸，導致大腦以為我們一直身陷麻煩。工作不順時，如果口袋中的手機響起，我們會開始擔心是上司來電，或是有人要告知什麼壞消息。當警鈴過度活躍，響個不停的電話和看到飢餓的獅子，對大腦來說可能是相同的體驗；在半夜突然想起自己還沒寄出的電子郵件，也可能產生和看到孩子被壓在車底一樣的情緒。

當大腦感應到危機，警鈴會透過神經系統傳送壓力警報，讓身體調整到自我保護的狀態。一般的壓力反應包括：

- 身體緊繃
- 心跳頻率升高
- 感到焦躁或異常興奮
- 冒汗
- 呼吸急促

・顫抖

這些生理反應是身體在準備面對挑戰，這也是為何壓力反應被稱為「戰鬥或逃跑」（fight or flight），目的是要讓我們調動足夠的生理資源來對抗敵人，或是逃跑以避免受傷。這種情況通常會讓腎上腺素爆發，因為大腦警鈴會發出訊號釋放腎上腺素，並透過血液循環將腎上腺素和其他壓力荷爾蒙傳送至人體各處。當你試著放鬆，想要和家人好好享受晚餐時，絕對不會希望腎上腺素讓身體處在隨時戒備狀態。

大腦警鈴還有可能觸發另一類壓力反應，幾乎可說是完全不同的形式。有時候腎上腺素爆發，人體不但不會獲得超人般的力量，反而會徹底停止運作。之所以會產生這種凍結反應，是因為人體的神經系統大力踩下煞車。就像動物感受到危機時會保持靜止以避免被發現，大腦警鈴也會有類似的反應。靜止反應看似不太合理，但這其實只是大腦中比較古老的部分想要保護我們的安全。

凍結反應和戰或逃反應，兩者並沒有優劣之分，只不過前者無法感受到腎上腺素引發的燥動、焦慮或憤怒，而是會覺得疲勞以至於無法反擊或逃跑。如果是在短時間內，靜止可能有助於適應環境，例如你需要暫停並仔細觀察有沒有潛在危險的時候。

話雖如此，要是你無法解除凍結狀態，會覺得全身像痲痺一般，最後就不只是暫停而已，而是徹底關機。在這種情況下，你會感覺好像分崩離析，即使真的很想採取行動也累到無法抵抗或逃離。

以上兩種壓力反應在不同的情況下可能有益也可能有害。重點在於，我們面對壓力可能產生各種形式的反應，也許表面上看來非常不同，但實際上有一個共同的來源——大腦警鈴發送的訊號。當我們有辦法意識到自己正在經歷壓力反應，表示可以開始採取行動了。

名人賽史上最悲劇的發球

羅伊・麥克羅伊（Rory McIlroy）站在第十三洞的發球區，喪氣地把頭埋進手肘，與打破紀錄的機會擦身而過。在二〇一一年於美國喬治亞州舉辦的名人賽（Masters Tournament）上，世界頂尖高爾夫球選手麥克羅伊在進入最後一輪時，仍保有四桿的領先地位。

在高爾夫球界，名人賽的冠軍頭銜是選手的夢想。這場邀請賽的舉辦場地是在高球界偉人鮑比・瓊斯（Bobby Jones）所設計的球場，而曾經奪得這項冠軍的選手都是家喻戶曉的人物，包括老虎・伍茲（Tiger Woods）、傑克・尼克勞斯（Jack Nicklaus）和阿諾・帕瑪（Arnold Palmer）。那一天，麥克羅伊戲劇性的失敗就是一則最好的實例，讓我們了解大腦警鈴在龐大的壓力之下會發生什麼事。還好，這個故事最後有個快樂結局。

麥克羅伊在下午五點前打到了名人賽的最後九洞，天氣狀況很理想，他在第十洞的發球時仍領先了一桿。四點五十三分，這個原本就充滿壓力的一天變成了一場災難。通常來說，發球是麥克羅伊的強項，這次卻太過偏左，連攝影機都找不到球在哪裡。他平常的發球距離是三百碼，這一次卻只有一百碼，而且最後還落在兩個小屋之間。球評從來沒有看過這麼瘋狂的開球，尤其還是出自名人賽領先選手。即便揮出了如此失控的一球，麥克羅伊還是保持領先。

但是這個領先維持不了多久。

一旦大腦警鈴響起，開始引發一連串的生存反應，就算是最優秀的運動員也難以冷靜思考，或是以平常心自然地做出早已練習過數千次的標準動作。每一個教練都會提醒選手要保持正向態度並表現出贏家的信心，但大多數教練沒有告訴選手的是，為什麼有時候即使是最頂尖的運動員也難以維持自信。

麥克羅伊把球打回球道之後，終於用五桿上了果嶺。但他沒辦法使用推桿，所以總共花了七桿才進洞，等於是高於標準桿數三桿，表示他變成落後其他三位選手兩桿。這只不過是崩壞的開始。

在下一洞，麥克羅伊原本有機會可以抓到小鳥（birdie，低於標準桿數一桿），卻用了三桿推球才進洞，這對專業選手來說很少見。接著在第十二洞，他又用了四桿推球才進洞，這種情況大概一整年只會在錦標賽上出現一次。

發生在羅伊・麥克羅伊身上的事，就是大腦警鈴失去控制的絕佳例子。他在這一輪結束後的記者會如此描述自己的崩潰情況：

我以為自己在前九洞保持得不錯，剛進入後九洞的時候我還領先這場比賽。然後我在第十洞不小心開出糟糕的一球，結果一切好像就從這裡開始不對勁了，我的第十、十一、十二洞像失神一樣，無法進入狀況。比賽難免會遇到這樣的情況。當下我非常失望，我猜想接下來幾天也會是這樣，不過我會撐過去的。我必須正向思考，想著我在這場比賽有六十三洞都是領先狀態。我還有很多機會，我很肯定。我對今天發生的事很失望，但我想這有助於我磨練自己的性格。

麥克羅伊在那天感受到的壓力，並不是源自對人身安全的實際威脅，畢竟他不是在戰場，也沒有被獅子追著跑。麥克羅伊的大腦發現他的領先地位岌岌可危，認為這是一個重大危機，於是他的身體開始反應。他無法在球場上泰然自若，因為他想達到的成就太過沉重──為自己和國家取得勝利，贏得這項大賽並且名流青史，獲得超過一百萬美元的獎金和各種贊助──以至於大腦警鈴變得過度活躍。他盡力保持冷靜專注，卻徒勞無功，因為他不知道如何在大腦掌控身體時重新開機。

當麥克羅伊的發球偏離球道時，壓力指數可能已經達到六、七或八。這時大腦警鈴繼續對他的身體注入腎上腺素，他的腦中盤旋著混亂的想法，一直想著如果失敗會發生什麼事，他的肌肉開始緊繃，獲勝的機會就這樣從他手中溜走。儘管麥克羅伊在最後三洞振作起來，拿出應有的表現，他還是沒有贏得夢寐以求的冠軍頭銜。無法控制的大腦警鈴讓他只拿到並列第十五名的成績。

有些高爾夫選手因為求勝壓力而崩潰後，再也無法回到先前的球技水準，或是徹底放棄比賽。不過讓我們看看麥克羅伊在記者會上說的話。他坦承自己感到沮喪失望，然後他說：「我還有很多機會，我很肯定。」

幾個小時前，這位年輕人還垂頭喪氣地站在場上，完全無法控制大腦裡頭嗡嗡作響的警鈴。現在他坐在一群記者面前，大夥巴不得看到位高球界的後起之秀在賽後發表同樣失控的言論。

不過麥克羅伊沒有崩潰，反而充滿自信，而且相當冷靜。他已經恢復沉穩的狀態，並且在面對同樣艱鉅的任務時——比賽和對媒體發言都非常容易受到壓力反應影響——順利和全世界溝通。更精準地說，他已經成功緩和大腦警鈴。數個月之後，他在另一場高爾夫盛事再次獲得了控制警鈴的機會。

美國公開賽（U.S. Open）和名人賽一樣，是所有選手最嚮往的高爾夫球四大錦標賽之一。這次麥克羅伊仍舊強勢領先到最後一輪。最後十八洞開賽的前一晚，他在訪談中表示：「有了上次名人賽的經驗，現在我知道要如何面對明天的比賽，這才是最重要的……我越是投入這個狀態，我就會變得越自在。」

麥克羅伊已經學會如何在球員生涯最大壓力的時刻管理大腦警鈴。最後他以低於標準桿十八桿的成績封王，創下美國公開賽史上最低桿紀錄。麥克羅伊遵循直覺學會了這項技巧，你也可以學會，而且你不需要經歷如此痛苦的錯誤。

警鈴無法關閉，也不該關閉

如果你的大腦沒有警鈴，一定會老是遲到，生活在時間毫無意義、虛無飄渺的狀態，任何事都沒有輕重之分，也不會關心其他人。大腦警鈴提醒我們關注人際關係中的實際需求，儘管有時警鈴反應太過激烈，但這樣的直覺才是我們之所以為人類的關鍵。在解說如何解除大腦壓力之前，有必要先探討大多數人的錯誤做法：從不試著把壓力當作學習的對象，反而避之唯恐不急。

下列這些阻擋或麻痺警鈴的老掉牙方法，對我們來說就和壓力本身一樣熟悉。

- 拒絕承認大腦警鈴的存在：「沒事，我只需要放鬆一下，不要過度反應就行了。」

- 用酒精、藥物、進食、購物、性愛和加班作為逃避手段，而人類最愛用的自我麻痺技巧可不只有這些。
- 把「都是我的錯」或「都是他們的錯」掛在嘴邊，因警鈴而引發的感受責怪自己或身邊的人，但這些感受原本是為了讓我們保持警覺和安全。

我們為什麼不能把生理或情緒上的壓力反應視為契機？不論是拒絕承認、自我麻痺或怨天尤人，這些方法都無法讓我們認真看待警鈴訊號。比起警鈴想要讓我們注意到的問題，警鈴本身看起來更像問題，於是我們犯下錯誤，企圖解決傳遞訊息者而非訊息本身，因為我們只想讓大腦別再警鈴大作。

我們不能關閉警鈴，也不該這麼做。如果沒有警鈴，除了可能會因為無法避開危及生命的緊急狀況而受傷，我們也無法發揮自己的最佳狀態。想要體驗最佳狀態，必須先具備引導注意力的能力，前提是要大腦警鈴能讓你警覺並注意到哪些事情是重要的。只要有心，我們每一個人都可以學會引導警鈴傳遞的訊號，克服嚴峻挑戰，實現理想的生活方式。

生存腦之於日常生活與全球規模

我們在管理壓力的過程中所遇到的種種問題，都可以濃縮成下列的疑問：在這個壓力越來越大的世界，我們該如何緩和大腦警鈴？

一項針對工作與家庭的新研究顯示，37.8%的職業男性與14.4%的職業女性每週工時超過五十五小時，等於全球人類原本應該花在休閒上的數百萬小時，現在全都灌注在充滿壓力的工作環境中。

近期另一項關於雙薪家庭的研究則發現，比起有全職工作的父親，有全職工作的母親每週得多花十個半小時來處理家中的大小事務。以色列巴伊蘭大學（Bar-Ilan University）和美國密西根州立大學（Michigan State University）的研究員發現了更耐人尋味的現象：在三百六十八名母親和二百四十一名父親之中，母親表示要同時兼顧家庭與事業讓她們備感壓力，父親則覺得很有成就感。

為什麼母親的警鈴出現了反應，但父親的警鈴卻沒有？出現這種壓力韌性的差異，可能是因為母親通常負擔較多家庭責任，而不是因為性別產生的差異。也有可能父親低報了壓力程度，將警鈴訊號降到最低或是刻意忽略，因為他們回家後最不想感受到的就是更多壓力。可以肯定的是，現代人的生活變得比以前更忙碌，更經常需要同時處理不同工作，也更容易出現過度激烈的壓力反應。

各領域的學者都在試圖找出超量工作的影響，因為許多人長期把注意力放在太多事情上，並且期望自己的身體和大腦可以承受這種壓力。從大腦警鈴的角度看來，現實顯然是如此：我們可以處理大量的壓力，直到我們再也承受不住。在這個時代，每個人的警鈴反應時間似乎都越來越延長，耐受度也越來越大了。

二〇〇八年的金融危機讓各國處於高度警戒的狀態，銀行因為害怕損失擴大，不再借款給過去符合資格的客戶，這正是大規模壓力反應的實例：銀行和全球金融體系都處在生存模式，他們的警鈴因為過去十年近乎災難的過度放款而瘋狂運轉。這不只是銀行的問題，而是整個國家都瀕臨財務違約的困境，這也難怪銀行業（和政治人物）的大腦會產生並且持續引發強烈的生存反應。

結果原本就不穩定的經濟狀況因此更加惡化，銀行不願意提供潛在購屋者所需的資金，來購買當前房屋所有者需要售出的房屋，最後引發法院拍賣房屋的危機。當銀行無法借款給僱主去僱用員工，失業率也就無法改善。這不是金錢問題；真正的問題在於體制內的人不知道如何辨識、理解並且處理腦內的極端生存反應，以至於金融體系陷入危機。

那麼，當壓力導致生活脫軌，我們該怎麼做？釋放我們的大腦。好消息是，當警鈴感應到危險而掌控主導權的同時，大腦也有強大的內在資源能夠緩和警鈴，重新設定對壓力的反應。人類的生存腦能讓我們保持警覺和安全，此外，我們其實還擁有一個更厲害的工具，足以改善現代生活的各個層面，那就是大腦產生冷靜和自信感受的部分——學習腦。

第二章　學習腦

在第一章的開頭，我們曾請你檢視自己的壓力指數，目的是讓你體會大腦警鈴起動時是什麼感覺。現在請你再次想像自己毫無壓力的狀態，平靜地躺在沙灘上、閱讀一本書，或是享用一杯好咖啡。

不過這次的衡量方法不太一樣，「一」表示你完全無法掌控自己的生活，因為你經常搞不清楚狀況，或總是不經思考就行動；「十」則表示你握有絕對的掌控權，因為你的思緒非常清晰，明白生活中最重要的事是什麼。那麼，現在你的自我控制指數是多少？

除了衡量大腦警鈴的壓力反應之外，你也可以衡量大腦的自我控制意識。壓力的相對概念並不是徹底放鬆或睡眠，而是明確感受到自己擁有主導權。自我控制的外顯形式可以是鎮定自若、充滿活力，也就是當你對喜歡的事產生濃厚的興趣時會有的感覺。不過這種意識控制不只是一種感受，也是一項非常專精的能力。

自我控制這項能力可以讓你的**思緒非常清晰**，無論當下發生什麼事，你都能好好把握。自我控制的衡量指標並非體能強度、經濟財力或社會地位。能夠掌控生活的人不代表他們可以控制什麼時間會發生什麼事，但特定的思考方式讓他們可以有效處理各種狀況。此時此刻，你的自我控制指數是多少呢？你可以清晰有條理地思考嗎？

由於先前已經請你想像自己處在放鬆、沒什麼壓力的情景，加上你現在正在閱讀（閱讀通常屬於低壓力活動），你很有可能會覺得自我控制指數偏高，也許介在六到七，或甚至是十。你選擇閱讀這本書，而且你正在學習，也許你現在覺得自己的腦袋非常清楚。雖然百分之百清晰思維的「十」很罕見，但如果你這時處於徹底專注的狀態，也並非不可能。

然而，當令人震驚、沮喪或痛苦的事情發生，我們都會感受到壓力。隨著壓力出現，我們會感到困惑，或者情緒高漲，或麻痺——別忘了，兩者都是正常的壓力反應——以至於難以保持頭腦清楚。隱隱覺得事情不太對勁的感受，可能會變成揮之不去的挫折或憂慮，這也是大腦警鈴在發揮作用。任何時候，只要大腦進入警覺狀態，思考的能力就會降低，進而削弱了自我控制的意識。

不論你在一般情況下多聰明、多有能力，一旦出現嚴重的壓力反應，你無法好好

地、清楚地思考，自我控制意識就有可能會大幅降低。

這並不是什麼新發現；對多數人來說，感受到壓力不代表自己有問題，這才是新發現。我們腦中會有失控的感覺，幾乎都是因為當下無法清晰地思考，不是因為更深層或更嚴重的問題所導致。然而，當我們覺得失控，就會變得憤怒、恐懼、衝動，甚至絕望，這才是真正的問題——無助感會導致大腦警鈴過度反應，接著引發各種失控行為。

當我們處在高壓狀態下，有時大腦的警鈴會接管思考中樞，這等於讓處在生存模式的警鈴綁架了整個大腦，思考和選擇的能力也隨著被綁架。不過警鈴接管大腦的目的是要讓我們活下去，而不是折磨或傷害我們。於此同時，警鈴還是需要大腦其他區塊的協助，而且是極度需要，才能避免反應過度，不要在預防問題的過程中製造出更多問題。

如何安撫內在的兩歲小孩？

為了讓你進一步了解壓力管理有多困難，我們想出了容易記憶的比喻：你的大腦就像缺乏安全感的兩歲小孩。

大腦警鈴對學習不感興趣，而且只有一項職責：讓你保持警覺、注意力還有活下去。其他事情像是享受生活、建立良好的關係、達成個人目標等等，對大腦警鈴來說毫無意義。警鈴也不懂邏輯，所以講理或爭辯都沒有用。就算是最微不足道的事情也有可能觸發警鈴，在焦慮狀態下甚至會小題大作很長一段時間。如果想要讓處在生存反應的大腦冷靜下來，唯一的方法就是滿足大腦的需求。

你可能以為兩歲小孩只喜歡玩耍和吃甜食，事實上小朋友最需要的是獲得關注，希望大人（例如雙親）把注意力放在他們身上，藉此獲得安全感。通常兩歲的孩子在做自己感興趣的事時不希望被任何人打擾，不過一旦沒了安全感，他們就會需要確認身邊有人隨時可以提供保護——立刻、不能耽擱、全心全意地只關注他們。幫助一個極端沮喪的兩歲孩童重新打起精神，你得冷靜地向他保證一切都會沒事，讓他知道你會滿足他的需求。

證明自己知道如何面對挑戰而且一切都會沒問題，就可以讓卡在生存模式的大腦警鈴切換到冷靜狀態，將注意力轉回真正重要的事情上。這就是壓力管理真正的困難之處：**該如何安撫、緩和並且重新設定既看不到又無法對話的大腦區塊？**

事實上，大多數人的做法反而會使警鈴的反應越來越大。我們之中有很多人一輩子都在試圖找出、預防和修正問題，包括微不足道和危及生命的問題。我們一直都處在生存模式，因為我們從小被教導，唯有這樣才能領先他人並且獲得成功。但是這種努力方式會引發壓力。當我們告訴自己「放輕鬆」卻一點用也沒有，因為這項指令會讓警鈴認為「一定是發生了什麼讓人感到壓力的事情吧」。當我們告訴自己「算了」、「別這麼難過」或「不要擔心」，在大腦警鈴聽來只會更刺耳，因為這些話其實正在發送這樣的訊號：我們無法掌控目前的壓力來源。

大腦警鈴唯有在確定我們已經安全，或者就算無法完全消除眼前的危險，至少已經可以掌控問題時，才會停止輸送壓力荷爾蒙並且交還身體控制權。我們越是強調「別再抱怨個不停」，警鈴就越會認為我們身陷危險；如果我們告訴自己「成熟點」，警鈴就會繼續升高壓力反應。

大腦警鈴無法分辨真正的危險和感知到的危險。就像你對一個正在大哭的孩童一直說「不要哭」是沒有用的，你應該把他抱起來，或是將他的注意力轉移到他最愛的玩具上。如果一段經驗曾經導致我們產生壓力，光是說「一切都沒事了」並不能向警鈴證明麻煩已經過去，而是需要透過學習腦專注在確實已經好轉的經驗上，不論原本造成壓力的事件是什麼。

人類大腦的生存系統是專門設計來保護我們的，但有時候可能會加速到失去控制。我們希望你可以開始理解為何自己會不時感受到壓力，因為生活中充斥各種壓力，但你一定也曾有過這樣的經驗，感覺一切都在掌握之中，因此你的大腦裡已經有固定路徑讓你能夠保持冷靜，理智地思考。你不僅具備生存的能力，你的大腦也具有學習和探索世界的本能。

學習腦的兩大關鍵區塊

人類之所以具備思考的能力，是因為我們擁有學習腦。學習腦就是產生所謂理性思考的構造，其中有前額葉皮質（prefrontal cortex）和海馬迴（hippocampus）兩大區塊相互協調。

前額葉皮質是大腦的思考中樞，位於大腦最靠近顱骨的外層，也就是額頭的正後方。這個部位負責將我們察覺、認知和感受到的一切轉譯成智能思維，其中包括將五感體驗、情緒感受以及腦中的想法轉化成文字的能力。

將前額葉皮質定義為大腦思考中樞，原因在於大腦的這個區塊能將我們生活中的體驗轉換成學習過程，而且可不只是一般的學習：這裡討論的不是單純培養習慣，或是學會用手腳去做某件事（例如開車、演奏樂器或擅長運動）。雖然這些也是很重要的學習形式，卻不是賦予生活樂趣的關鍵。除了我們平常仰賴的習慣和技能，真正重要的能力是如何將我們的行動、技能和經驗融合在一起，發揮更大的天賦，成就更高的目標，讓我們的人生更圓滿。

思考中樞的特殊能力是思考生活的意義，協助我們判斷什麼才是人生中最重要的事。作者朱利安・福特與同事針對重度心理創傷的恢復族群進行研究，他們發現這項看似「奢侈」的能力，其實對每一個人來說都是不可或缺的。

我們都曾問過自己過無數次：「為什麼我要這麼做？這麼做有什麼意義？」然後

我們會誤認為這只是發呆時想到的傻問題。但事實上，我們的大腦隨時都在思考意義——除了處在生存模式的警鈴接管大腦的時候。

你會知道自己的思考中樞有確實在運作，因為那時你會發現自己正在做的事非常值得。也許你並非有意識地在深入探討某個特定的問題或渴望，不過你還是會覺得眼前發生的事情很重要；而你之所以對這麼認為，是因為你正在做自己認為對的事，小至維持家中整潔，大至針對人生目標進行深刻的內省。

當你專注於自己重視的事情上，思考中樞就會啟動，這不只是發揮解決實務問題或是單純表達想法的能力——你等於掌握了藏在大腦中的一項關鍵祕密能力。當前額葉皮質開始高速運轉，它會通知大腦警鈴一切都在掌控中。你的思考中樞之所以能夠安撫這個兩歲小孩，就是因為傳送了非常明確的訊息：你注意到了，也知道該如何處理引發警鈴緊張或擔憂的事件。**對最重要的事情保持刻意的專注，這就是多數人在學習管理壓力時遺漏的步驟。**

安撫警鈴還需要大腦中另一個不可或缺的區塊——海馬迴。它是大腦的記憶儲存和檢索中樞（可以簡稱為記憶中樞），位於大腦內更深層部位，正好就在杏仁核（大腦警鈴）的旁邊。海馬迴好像大腦的圖書館，存放著我們人生中的每一段經驗。

整個大腦都是記憶的儲藏庫，只不過是由記憶中樞負責蒐集並安置每一段記憶（通常會加上一點大腦警鈴的協助，尤其是當某段記憶充滿強烈的情緒），就像一整個團隊的圖書館員決定該把書籍放在哪一區的書架上。有些記憶類似暢銷書，會擺放在方便快速找到的地方，有些很少需要用到的資訊則埋藏在大腦深處。

記憶有很多種形式，包括感覺、想法、看過的影像、做過的事、聽過的聲音，我們的經歷變成畫面不斷重播，甚至還有讓我們感到安心的潛意識提示。有些記憶比較複雜，像書中情節或電影、電視劇一樣有組織；有些記憶比較簡單也比較凌亂，類似一堆紙條放在盒子裡然後束之高閣。

記憶中樞是一個龐大又複雜的系統，但還是有必要了解其運作方式，我們才能善用大腦的力量來處理壓力反應。海馬迴在查找記憶時，可能會找出一系列形式相同但混雜的記憶。記憶中樞通常不會提供簡要的報告總結，例如「我去店裡買了一點牛奶」，而是會一五一十地描述發生過的一切：買牛奶的當時我有什麼感覺和我在想什麼，我看到和聽到了什麼讓我印象最深刻，當我再次想起這段記憶時又有什麼感受和想法。

仔細想想人類大腦的不同區塊是如何搜尋和處理記憶，就會發現這其中細膩又複雜的流程完全是另一個層次。負責查找記憶的不只有思考中樞，警鈴也會喚出我們記得的資訊。但由於警鈴具有相對較不成熟且情緒化的特性，它對大腦發出的搜索通知也比較像是命令。思考中樞的指令聽起來可能像這樣：「我想要複習從上次經驗學到的內容，幫助自己為現在這一刻做出明智的決定。」警鈴則會尖叫著說：「我必須想起每一種可以幫助我在這一刻活下去的糟糕經驗，現在就要！」

當思考中樞要搜尋記憶，記憶中樞有自己的節奏來仔細確認最有用的檔案。它當然可以要求大腦快一點想起來，不過這不是唯一的做法。思考中樞不會趕著工作，因為它的目標是學習，而不是在緊急狀況下解決問題。

相對地，當警鈴要求取得記憶，記憶中樞就會表現得像處於巨大壓力下的一般人，慌張急忙地抓住最先找到的記憶，儘管這並非最正確的選擇。這也是為什麼我們在面對極端壓力時（儘管實際上面對的並不是什麼大問題）會感到困惑和不知所措，思考也會連帶變得混亂且毫無效率。

當海馬迴有效運作時，會將新的記憶以容易檢索且精確的方式儲存起來，也能有效率地查找正確的記憶，就像在電腦上用搜尋功能從資料夾中找到正確的檔案。定期需要用到的記憶會分類到日常檔案中，偶爾才會用到的記憶則分類到罕見檔案。不論是哪一種分類，最容易存檔和檢索的記憶都是帶有強烈情感連結的經驗。近期的研究顯示，這種現象可能是因為儲存記憶是由杏仁核（負責掌管情緒）和海馬迴（負責掌管事實資訊）共同作業。

然而，當杏仁核在應對極端的創傷壓力或長期不間斷的壓力時失去控制，海馬迴很快就會因為工作量過重而徹底崩潰。大腦警鈴真的有可能導致我們誤存記憶，原本應該分類到罕見檔案的痛苦創傷，例如遭到肢體上的虐待或在車禍中瀕臨死亡，最後卻被存放到「每天都有可能再次發生」的檔案，這就是罹患創傷後壓力症候群會產生的明顯症狀之一。在一陣混亂和疑惑下，這些充滿壓力或令人痛苦的記憶會被自動儲存到日常所需的資訊區塊，和像是如何刷牙這類的記憶存放在一起。

舉例來說，如果有一段經驗是關於我們如何處理難以徹底解決的問題，例如複雜的家庭紛爭，這段記憶可能會因為警鈴的影響而被誤存到錯的檔案。大腦警鈴判斷這段經驗是一場災難或，因此當我們再次遇到類似的困境，記憶中樞會無法記得當初是如何順利解開這類難題，而是回想起焦慮、挫折或憂鬱的感受，通常還會伴隨著強烈的自我懷疑。而回想起誤存的記憶又會讓警鈴更加活躍，導致我們覺得永遠都無法緩和這種壓力。誤存記憶的大腦會持續加劇壓力，導致我們產生徹底失控的感覺。

科學研究發現，經歷過創傷壓力並且深受PTSD所苦的患者在回想創傷事件時，大腦警鈴會變得極端活躍，同時思考中樞和記憶中樞會呈現關機或離線狀態。警鈴發出強力訊號，尋求注意力和協助，但它越是這麼做，記憶中樞提供的資訊品質就越差，導致記憶中樞回想起痛苦而不是有用的記憶，最後思考中樞也因為警鈴大作而無法正常發揮作用。

所幸大多數人平常不會有如此極端的警鈴反應。不過，即使從未經歷過創傷事件，有些人還是可能會發生同樣嚴重的警鈴失控狀況。我們的警鈴有時會進入恐慌或暴怒狀態，然而多數人並不懂得運用思考中樞來關注警鈴，甚至將警鈴的訊號解讀成有用的資訊。

我要告訴你的這件事，也許會是你聽過最棒的資訊：我們確實可以運用前額葉皮質來協助海馬迴，以徹底不同於平常的方式選擇記憶，進而讓思維更加清晰。清晰的思考有助於將警鈴重設到較低的壓力指數，這就是所有人在感覺有壓力時希望做到的事：將注意力從錯誤或於事無補的危機意識，轉移到有助於重拾冷靜和自我控制的思維和記憶。

雖然大多數的人並不是天生就具備這項能力，但我們可以專注地運用大腦的思考和記憶中樞，來調整自身的壓力反應。就算風險實際上還是存在，只要讓思考中樞專心想著我們已經掌握情況，記憶中樞就能喚出有用的記憶，幫助緩和警鈴，進而重新設定警鈴。在面對壓力時的自信正是建立在這樣的基礎之上。當你在人生中達成某些目標或成就的時候，其實已經直覺地學會了這項能力。

上台恐懼症

伍迪・艾倫（Woody Allen）從十九歲開始為電視節目如《蘇利文劇場秀》（*The Ed Sullivan Show*）和《今夜秀》（*The Tonight Show*）編寫喜劇。在一九六一年的時候，經紀人傑克・羅林斯（Jack Rollins）和查理士・裘菲（Charles Joffe）發現他有成為藝人的潛力。雖然艾倫自認為是作家，羅林斯卻說服他嘗試獨角喜劇。艾倫記得羅林斯這麼說：「幫個忙好嗎？相信我就對了。你只要工作，其他的都不必想，讓我來想就好。照著我說的做，然後我們看看一年內有什麼成績，看看你能做到什麼程度。」

結果伍迪・艾倫的這一年徹底失敗，他風趣的談話內容加上獨特的形象——戴著厚重眼鏡，說話方式拘謹、理性的矮小男子——確實引來了一些笑聲，但大多數的觀眾還是無法理解他的笑點。羅林斯不停告訴朋友和同僚艾倫有多麼「獨特」，但是對艾倫來說這是一段非常痛苦的時期，生性害羞的他必須被推著上台，他在上台表演前甚至還會嘔吐。

在舞台上感到恐懼是非常正常的現象，如果考慮到大腦警鈴扮演的角色，自然就能理解為何會有緊張到嘔吐的情況。在人群面前談話、唱歌或跳舞的表演者，等於是冒盡一切風險。演員勞倫斯・奧立佛（Laurence Olivier）在年輕時很熱衷表演，但隨著年紀增長，他變得像艾倫一樣，等於是被強迫面對鎂光燈。唱片銷售量超越百萬張的知名搖滾歌手洛・史都華（Rod Stewart），曾經躲在音響後方唱完整首歌。一九六七年，歌手芭芭拉・史翠珊（Barbra Streisand）在紐約中央公園的演唱會上忘詞，接下來的三十多年都不再現場表演。發生在艾倫身上的壓力反應，一定也曾經困擾著絕大多數的表演工作者。

後來在某個晚上，事情出現轉機。艾倫上台後照常表演，卻好像被另一個人附身一樣。他妙語如珠、節奏明快，而且很享受自己講的笑話，就像我們今天在電視和電影上看到的伍迪・艾倫。他腦袋裡想的是怎麼做才能引起自己最有趣的反應，而不是怎麼做才能讓觀眾不討厭自己。他在紐約格林威治村的「苦澀終點酒吧」連續演出六週，獲得各界一致盛讚。一九六二年，他一躍登上獨角喜劇界的頂點。

在這中間究竟發生了什麼事？一個溫吞又過度謹慎的作家是如何在嚴格的紐約觀眾面前，從害怕受到注目到搖身一變成最佳表演者？其實很簡單，因為他的大腦從生存模式切換成學習模式，他從羞怯、小心翼翼、只想避免失敗的表演者，變成冷靜、自信且願意嘗試各種讓人捧腹大笑方法的喜劇演員。這種蛻變並非遙不可及，也沒有什麼神奇的祕訣。其實每一個人都可以像伍迪・艾倫一樣蛻變，而且不必忍受三十年的放逐歷練。

刪除必做事項

要如何重新設定大腦中處於生存模式的原始系統？首先，你必須刪除必做事項。

也許你和多數人一樣，每天都會花太多時間在不重要的想法上，例如那些令人感到挫折或擔憂的事。請注意，我們並不是建議你單純地正向思考或是讓自己安心，也不是要你試著釐清關於現況的一切，然後構思出全面的解決方案或行動計畫，更不是告訴你只要多深呼吸幾次然後放鬆就行了。

以上這些做法都無法啟動思考中樞讓大腦警鈴安心，正向思考、冷靜深呼吸以及放輕鬆，都是滿足警鈴的需求之後才會產生的結果，而不是滿足它的方法。當大腦警鈴獲得關注就會回到平靜狀態，讓你安心進行任何該做的事。

你一定很清楚以下這種狀態：身體放鬆、壓力減輕、重獲清晰的思緒。不過你可能不清楚，你之所以會感覺好多了，並不是因為你多深呼吸了幾次，或是想了一些正向的念頭，或是解決了什麼問題。你的狀態變好是因為你選擇把注意力放在大腦警鈴上，才能深呼吸並享受自己正在做的事；然後因為你確實感受到正面情緒，才能開始正向思考；最後因為你重獲清晰思考的能力，才能解決問題。

大部分人都誤解了以上的過程和順序，以為要先放鬆和解決問題，才能減輕自己的壓力。事實上，當我們先把注意力轉移到警鈴的需求，才有辦法放鬆和解決問題。

我們多半會選擇繞過這個過程，來解決必須完成的事項，因此我們想請你停止使用這種思考和生活方式。你不需要讓每個人都滿意，你不需要在職場上解決每一個問題，你也不需要把孩子教育成未來的總統或超級明星。

請記得，大腦警鈴的目的是在必要時保障我們的生命，不過如果能避免警鈴在壓力指數高達九或十的紅色警戒區間運作，其實會更有助於我們保持警戒和觀察力。重設警鈴是維持低壓力指數的關鍵，而且唯有這樣，警鈴才能發揮應有功能，讓我們保持專注，而不是讓我們的壓力變得更大，陷入痛苦。

了解大腦警鈴及其運作方式，等同於握有解開難題的鑰匙。重設大腦警鈴，首先要從關注警鈴開始，而非逃避或忽略。

選秀會

從高度活躍或極端活躍的警鈴反應，轉變為專注、冷靜且自信的心態，通常會感覺像是從夢中醒來一樣。瑪麗來向我們尋求協助時，一心只想參加高中的選秀會，十五歲的她擁有天生的好歌喉，在家中隨性一唱就會引來祖父母和朋友的稱讚。她接受了聲樂訓練，並且從小學開始參加學校合唱團，她也會收看《美國偶像》這類選秀節目，然後在鏡子前練習對著想像中的觀眾唱歌。

不過瑪麗不是為了電視節目的試鏡前來諮詢。她就讀的學校每年都會舉辦選秀會，她想要試試看，卻覺得自己做不到。光是想像自己站在高年級學生和老師面前，就讓她緊張到動彈不得，滿臉通紅，一個音符都唱不出來。我們引導瑪麗採用壓力管理的第一項技巧（在第二部會介紹）之後，她成功地放鬆自己。緊張情緒仍舊存在，但現在就算壓力指數升高，她還是有辦法能自我控制。

我們讓瑪麗在爸媽面前練習，接著請她帶幾位朋友來當觀眾。過了幾週，她已經可以在小型活動中放聲高歌（但並不是她想參加的選秀會）。最後幾次諮商時，我們討論的不是瑪麗的表演恐懼症，而是她想要如何發揮歌唱的天賦，以及她要如何幫助其他孩子克服恐懼。徵選前幾天，當我們問瑪麗有什麼想法，她回答：「我還是很緊張，但現在我知道這不是壞事。」

徵選那一天下起大雪，學校宣布停課。瑪麗在早上打了電話過來，哭到幾乎說不出話。然而當我們問她發生了什麼事，她卻回答：「沒事。」整理好情緒之後，她說：「我哭是因為太開心了！昨天晚上我緊張到受不了，雖然我覺得自己有進步，也做到了我們之前練習的所有東西，我還是覺得肚子很不舒服，幾乎整個晚上都沒睡。學校宣布停課後，我就恢復正常了。我打電話來是因為我發現自己根本沒必要緊張。緊張沒辦法阻止我，現在我知道自己可以繼續唱歌，不管徵選的結果怎麼樣，我都可以再試一次。」

極端與一般壓力反應的差異

只要注意來自警鈴的訊號，大腦就一定可以緩和壓力反應嗎？訓練思考中樞關注警鈴訊號、降低壓力反應的第一步，絕對是重新設定杏仁核。不過這對所有人來說都是學習的過程。如果你出現極端的壓力反應，或者長期飽受極端壓力之苦，甚至一輩子都是如此，你需要給自己一點空間，並且在啟動學習腦時給自己充分的耐心。

這也是為何我們要學會區分極端與一般壓力反應的差異，你不可能在歷經極端壓力之後立刻讓大腦恢復最佳運作狀態。極端壓力反應指的是大腦警鈴接管並且壓制學習腦，這種反應可能會出現在創傷事件發生之後，也可能是長期慢性壓力導致的結果。不論是那一種情況，大腦警鈴被觸發得太快、太頻繁、太強烈，以至於個人無法有效處理壓力或理智思考。

從戰場歸來的男性或女性出現PTSD是最常見的極端壓力案例之一。從戰區回家的軍人因為見識過戰場上最可怕的景象，很容易會覺得家庭生活中的微小壓力比戰場上攸關生死的創傷經驗更難應對，可能只是去採買生活用品，就會導致他們出現比遭受敵軍攻擊更大的壓力反應。

這種現象有兩大原因：首先，軍事人員會訓練自己在戰鬥時忽略大腦警鈴的訊號，除非真的遭受立即的生命威脅；第二，一般人生活中的壓力多半出於沒那麼危險，但實際上比戰場危機更難解決的問題。軍人在戰鬥時必須迅速地按照指令行動，不能像一般人那樣慌亂，對他們來說被沒禮貌的人插隊可能更難正確應對，儘管這兩種情況都會引發類似的警鈴反應。

退役軍人普遍會遇到的另一個問題是開車。以波士頓這個大城市為例，波士頓與劍橋市之間隔著查爾斯河，沿著河岸有一條大道叫做斯托羅車道，通勤族、貨運駕駛和觀光客多半都仰賴這條要道，穿梭於波士頓的餐廳、公司和歷史景點，以及哈佛大學和麻省理工學院。這條道路上最常見的車款是白色箱型車，而伊拉克和阿富汗的自殺炸彈客最常使用的車款也是白色箱型車。

當白色箱型車突然超車到退役軍人和妻子的車輛前方，他大叫：「小心！」然後他開始冒汗，緊抓住車門門把，在座位上動彈不得。就在這一刻，退役軍人的大腦以為自己會被炸飛，就像之前在異地看到同袍的遭遇一樣。箱型車載運的可能是鮮花或蛋糕，但他沒辦法採取任何行動，他無法像在戰地時那樣要求箱型車停靠檢查。箱型車駕駛可能只是在講電話，或是單純心不在焉，可是退役軍人的大腦警鈴卻認為人身安全受到了威脅而變得極端活躍，導致他整天都心神不寧。

所有人應該都可以理解交通狀況有多容易觸發警鈴，但對大多數人而言，這只會引發一般的壓力反應。當警鈴與思考及記憶中樞合作，就會出現一般的壓力反應，因為學習腦可以辨識眼前威脅的真正本質——交通狀況並不會讓我們身陷危機。學習腦可以從記憶中樞搜尋到類似的經驗，讓我們知道即使被超車還是能安全抵達目的地，或是在車陣中遇到意外事故時能有效掌控狀況。

超車還是有可能讓一般壓力反應的人嚇一大跳，這很合理，因為這樣會促使你放慢車速，查看周遭的交通狀況，確保自身安全。壓力反應會提醒你注意大腦警鈴，保持專心，接著迅速恢復正常狀態。這整個過程通常不需要思考就能完成，你只會發現自己的壓力指數上升又下降。不過請務必理解，即便是一般的壓力反應，腎上腺素還是會竄流全身，就算當你已經知道一切都沒事了也一樣，可能需要經過數分鐘後才會再次感到安穩。話說回來，極端和一般壓力反應的關鍵差異，在於後者會使大腦處於學習狀態，而不只是想要活下去。

學習腦的學習徵兆

當我們能做到下列行為，就表示學習腦正握有控制權，讓警鈴的活動程度維持在符合當下的情境。

- 行動前先停下來思考。

- 不論放鬆或承受壓力時都能清晰思考。
- 享受挑戰並且從中學習、成長。
- 能夠享受寧靜時刻，不刻意追求刺激。
- 思考自己真正想從一段體驗中獲得什麼。
- 因為與親友進行平和的對話而感到愉悅。
- 發揮創意解決問題。
- 能夠快速應對立即的需求而不感到焦慮。
- 在練習技能的時候注意每一個步驟，直到習慣成自然。
- 從課程或書本中吸收「重點資訊」。
- 對他人的談話內容抱持興趣並且尊重他人看法。
- 停止無意義的憂慮，將其轉化為對大家都有益的計畫。
- 認清事實與推論之間的差異。

你可能偶爾符合以上敘述，或者大部分時候都是如此。我們一生中曾無數次使用學習腦，然而有時當我們想要完成對自己最重要的事，大腦警鈴還是會成為阻礙。

學習中的大腦到底有什麼不一樣？冷靜和自信又是從何而來？

許多人以為冷靜和自信的人只是善於保持放鬆或是自尊心極高。當然，冷靜和自信都有可能是與生俱來的，有些人在多數狀態下都會本能地重設警鈴。不過更有可能的是，這些看似泰然自若的人其實早已學會如何在高壓狀態也能保有清晰的思維。就算渾身散發自信的人也需要努力和意志，才能發揮大腦天生的能力，專注於想要達成的目標。

此外，看起來天生就冷靜又自信的人，也不一定隨時都能自我控制。每個人都會有忍不住做出反應的時候，也會有憤怒、衝動或恐懼的時候，我們可能只是剛好沒看到這些自制能力極強的人情緒崩潰而已。集中思緒的方法有很多，最常見的是把思緒從「出了什麼差錯」或「必須做的事」，轉移到真正重要的事情上。不論在什麼情況下都能保持冷靜且自信的人，代表他們已經學會如何讓思考中樞發揮作用。

從社群角度清晰思考

個人可以運用學習腦來緩和警鈴，社群也能發揮類似的功能，來協助兒童及早學會在惡劣的環境中降低壓力的影響，並且發掘自我控制的能力。我們曾經照顧接受少年刑法管教的兒童和青少年，也曾經參與芝加哥洪堡公園社區（Humboldt Park Neighborhood）和紐約南布朗克斯區（South Bronx）等中低收入社區的兒童專案，向遭遇嚴重虐待和目睹暴力的孩子伸出援手。

當今世界最大的其中一個隱憂就是不安全感。持續觸發兒童大腦警鈴的因子，如媒體的暴力影像、金錢與物質的匱乏、來自學校的壓力、不安全的環境，這些都會嚴重威脅到兒童學習腦的發展，而這個階段正是孩子探索如何思考與專注的關鍵時期。

不論是已開發或發展中國家，兒童都需要安全的成長空間和人際關係，才能發揮身為人類所具備的任何一種潛力。長期處於壓力之下的兒童很難學會如何清晰思考，而哈林兒童之家（Harlem Children's Zone, HCZ）堪稱是對抗都市貧窮問題的成功楷模。這個非營利組織協助社區與家庭打造出合適的環境，讓孩童能夠培養出足以克服沉重壓力的學習腦。

在一九八〇至九〇年代，只需要一個詞就能說明紐約哈林區的問題，那就是「古柯鹼」。我們無法得知是毒品導致貧窮問題，還是貧窮導致毒品問題，但不可否認的是，毒品交易、高漲的失業率、絕望的居民和隨處可見的暴力行為，種種狀況都讓兒童無法好好學習。學校教育已成效不彰，文化的解體更是威脅了一整個世代的孩子。

接著，在一九九〇年代初期，某個街區開始了一場實驗。HCZ從兒童開始接受教育起就提供醫療照護、犯罪預防措施、社會服務、小型教室和課後輔導，後來這項實驗擴大到二十四個街區。

為了讓孩子在出生前就可以擁有學習的機會，HCZ為準父母提供「寶寶大學」課程，如此一來母親就能協助孩子從出生第一個月開始學習。幼稚園則是全天開放，讓雙薪家庭的孩子不必獨自待在家。還有受過專業訓練的調停者隨時待命，協助解決衝突，並且在校內協助孩子保持專注。大學申請諮詢、學術能力測驗（SAT）和職涯諮詢等服務，這些都能鼓勵青少年繼續接受高等教育。

目前HCZ的範圍已經遍及哈林區的九十七個街區，有一萬七千名兒童受惠。這個組織的目標相當明確：讓每一個孩子都能上大學。二〇一一年，HCZ課後計畫的參與者有九成成功進入大學就讀。如果孩子從小就學會管理大腦警鈴，並且擁有讓大腦持續專注於學習的環境，他們就能具備集中注意力的能力。有了外在的支援與協助，原本可能會妨礙孩子發展的壓力被降低了，再也無法阻擋孩子達成他們最重要的目標。

不論是組織、社群或國家，唯有創造出理想環境，鼓勵並輔助其中的成員根據一套核心價值行動，而不只是生存下去，這麼做才能取得成功。兒童無法學習、企業表現不佳，或是整個國家陷入政治和武裝衝突，主要的原因都一樣——因為這些人不知道該如何在大腦警鈴引發的緊急生存模式及學習腦負責啟動的專注力之間取得平衡。

哈林兒童之家的成功之處在於將整個社區關注的重點從生存轉移到學習，但這並不表示該組織的策略或方法就沒有爭議，也不表示社區內外不會有任何批評，而是意味著各方對話的焦點有所轉變。現在大家已經不再因為警鈴反應而專注於安全和生存問題，而是把討論重點集中在如何為每個孩子的人生創造價值。

擺脫生存模式

我們也許有才智、有能力、有成就，也許還有全世界最美好的人際關係，但多數時候我們還是身陷生存模式之中。我們以為自己已經放鬆，實際上大腦卻仍在高度警戒狀態，不停地掃描危險。在這樣的狀態下，大腦會命令身體釋出大量的壓力荷爾蒙，使得我們感受到壓力、沮喪或憂鬱，而這麼做都是為了要讓我們更警覺和注意。

有才華的專業人士、有能力的父母，還有我們景仰的對象，其實無時不刻都感受到壓力，這是真的嗎？這並不是個人的弱點或缺陷，而是普遍存在於人類身上的兩難困境。每個人的大腦中都有警鈴，如果我們不知道該如何辨識和安撫警鈴，這個機制就會讓我們長期處在壓力之中。解決方法並非什麼複雜的科學，甚至稱不上是大腦科學。假使大腦警鈴只是希望引起我們的注意力，解開壓力之謎的答案就是關注警鈴，並且學習了解警鈴告訴我們的訊息。

然而這裡有個陷阱：當問題或焦慮引發大腦警鈴反應的時候，大多數人都以為自己有把注意力放在重要的事情上。但我們提出的方法並非如此，而是讓大腦專注於學習，好集中注意力，才能近一步關注並滿足警鈴的需求，讓警鈴**自然緩和下來**。

過度活躍的大腦警鈴並不是造成壓力的主因。是因為學習腦並未發揮應有的功能，才會產生過度活躍的警鈴。多數人都不知道這個事實，所以也很少人真的學過鍛鍊理想大腦的方法。

第三章　鍛鍊最佳大腦

人類的大腦具備專注的能力，可以把注意力完全集中在當下最重要的事物上。即便是有注意力不足或學習障礙的族群，只要找到正確的方法，也可以訓練自己的專注力。除非腦部嚴重受損或阿茲海默症等大腦疾病，一般來說，大腦並不會因為有缺陷而產生壓力反應。而且就算是上述較不樂觀的案例，還是有方法能達到專心致志的狀態。大腦之所以會出現過激的壓力反應，是因為我們沒有把它的驚人力量發揮到極致，讓生存腦和學習腦達到最佳的互動平衡。

學習專注的第一步從關注壓力開始。單是想著壓力——不需要嘗試解決或消除——就可以啟動學習腦。忽視壓力只會讓情況惡化，而你也會錯失啟動思考中樞和安撫大腦警鈴的機會。

現在讓我們來練習一次。

以一到十來衡量自己的壓力指數，「十」表示你剛剛遭遇災難般的事件，「一」

則表示徹底平靜的心理狀態。我們希望你現在因為暫時退一步思考自己的生活，並且沉浸在學習關於大腦的知識之中而覺得壓力指數偏低。

接著再以一到十來衡量自我控制指數，「十」代表你的思緒極為清晰，「一」則代表處於非常困惑的狀態。我們希望你現在因為正在思考如何運用書中的內容改善生活，而覺得自我控制指數達到六、七或甚至更高的程度。

如果你現在的壓力指數偏低、自我控制指數偏高，原因很簡單：你選擇將注意力放在學習大腦的運作方式。就像《綠野仙蹤》（*The Wizard of Oz*）中的桃樂絲偷看簾子後方，發現了奧茲巫師的真相，你正在釐清大腦警鈴、記憶中樞和思考中樞之間的關聯，而運用學習腦有助於大幅改善它與大腦警鈴的連結。

如果你在學習過程中感受到一點壓力，這也是正常現象。學習需要投入，有時甚至會帶來興奮的情緒。當學習腦把注意力放在你重視的事物上，你的激動程度會隨之上升。正因為你在乎自己正在做的事，大腦警鈴會讓你維持精神高漲，不讓你神遊四方，而是希望你集中注意力好吸收重要資訊。

壓力也可以是助力，這種現象看起似有些矛盾，但確實如此。大腦警鈴希望學習腦可以準備好取得掌控權，這樣警鈴才能放鬆並且重設狀態。你需要生存腦發動壓力反應，喚醒學習腦，啟動或繼續維持你的專注力。

把注意力集中於學習，才能讓大腦處於最佳狀態，並且從壓力中解放。當思考中樞和大腦警鈴相互溝通，我們的大腦才能開始學習。「我正在搞清楚現在什麼最要緊，然後我會好好處理。」這樣的訊息能讓大腦警鈴了解一切確實在掌控中。

當我們出現極端壓力反應時，並不代表大腦出了問題，只是作業過程出現了失誤，在應該把警鈴訊息轉換成鎖定重要事物並採取行動的時候，無意間對警鈴的指揮做出了極端的反應。

最佳大腦

讓生存腦的警鈴和學習腦的思考及記憶中樞達到最佳互動狀態，這才是減緩壓力的關鍵。更重要的是，這讓我們有能力運用大腦來成就人生中重要的目標。要想激發大腦最好的表現，我們得先了解大腦的組織。

心理學家亞伯拉罕・馬斯洛（Abraham Maslow）提出了「需求層次理論」：人類的需求有層次之分，我們必須先滿足基本需求，例如食物和住所，才能開始追求其他更高層次的重要目標，例如愛與社會和諧。同樣地，我們的大腦內部也有層次之分。

大腦有三個基本的階層：第一層是連結身體和生存腦的橋樑，位在大腦的底部——如字面上的意思，從頭顱基部的脊髓頂端開始，一直延伸到大腦的中下段，就是研究人員稱為「爬蟲類腦」（reptile brain）的區塊。爬蟲類動物的大腦確實只包含這些部分，不像人類大腦還有另外兩個更高的階層。

爬蟲類腦是人體的生命維持系統，確保身體可以獲得生存所需的氧氣、食物和液體。這個大腦區塊會傳送化學訊號（經由荷爾蒙）和電子訊號（經由神經系統）來啟動和協調人體，讓我們可以進行各種生理活動，包括行走、談話、睡眠、飲食和性行為。爬蟲類腦的功能就像機器人一樣自動運作，不需要經過任何思考或選擇。它無法保護我們遠離危險，只能確保基本的身體功能運作無礙。

第二層位在大腦中段深處，就在爬蟲類腦的正上方。科學家把這個區塊稱作「古生哺乳類腦」（paleomammalian brain），因為所有哺乳類動物的大腦都多了這一部分，不論是低等的樹鼩或是高等物種（例如人類）都不例外。古生哺乳類腦也被稱作「情緒腦」（emotional brain），其中包含了大腦警鈴、獎勵中樞和鄰近其他幾個能讓人類能感受到基本情緒的區塊，例如恐懼和憤怒以及幸福和滿足感。

情緒腦有兩大職責：第一，這個區塊涵蓋大腦的警報中樞，能讓我們保持警覺並避開危險。警鈴會與爬蟲類腦合作，讓我們即時做出戰鬥或逃跑的反應並且得以生存下去。因此這兩個階層的大腦統稱為生存腦。

情緒腦的第二個職責是促使我們把注意力放在生存之外的第二優先目標：愉悅感。大腦的獎勵中樞讓我們專注於帶來樂趣的事物、活動和對象，用這種方式讓我們享受生活。但獎勵中樞也可能會促使我們一頭熱地追求獎勵，即便要付出高昂的代價，像是上癮或身陷危險，最後萬劫不復。

獎勵中樞和壓力有關，因為旁邊就是警報中樞，而且兩者經常相互溝通。當這兩個中樞合作無間，就能讓生活更多采多姿也更有成就感。但若是溝通不良，情緒腦就可能會讓我們產生極大的壓力。當警報和獎勵中樞分別把我們推向不同方向時，可能會導致讓我們陷入極端壓力狀態，例如獎勵中樞指示我們去跳傘，大腦警鈴卻大吼著從高空一萬呎的飛機往下跳非常不安全。

所幸身為人類的我們還有第三層大腦，讓我們具備思考及反應的能力。第三層也是最高層次的大腦，就是我們先前一直提到的學習腦，又稱為「新哺乳類腦」（neomammalian brain）。只有高等哺乳類動物才擁有才有此一區塊的大腦，包括人類和其他能以雙腳站立、獨立運用雙臂和雙手的靈長類，例如猿類和猴子。新哺乳類腦讓我們不再只跟隨情緒腦的指令，或者只仰賴爬蟲類腦的反射和習慣動作，而是能夠在思考之後進行選擇。

新哺乳類腦位在大腦最頂端、顱骨正下方，範圍從頭部後方延伸到前方。想當然，這個區塊就是思考中樞所在的位置。思考中樞位在新哺乳類腦的正前方稱作前額葉皮質的區域，這個位置就是頭部的頂端皮質（cortex），正好位在額頭的後方。

它所處的位置十分耐人尋味，而且很可能並非偶然。思考中樞位在大腦最頂端也最前端的區塊，因此會較慢收到來自爬蟲類腦和情緒腦的訊息。這有一些好處，也要付出一些代價：思考中樞身兼指揮和決策中心，它會得到最多的資訊，但也是最晚得到的，畢竟大腦的其他區塊都可以對各種資訊發表意見和做出反應。此外，思考中樞在制定計畫和進行選擇時必須考慮未來的後果，這會消耗極大的能量。

思考中樞必須仰賴大腦其他區塊提供充分的資訊，然而警報和獎勵中樞卻極為不擅長去蕪存菁，它們很容易把微不足道的事都當作首要之務。事實上，爬蟲類腦根本不知道思考中樞的存在。

正因如此，思考中樞會利用記憶中樞來管理來自其他階層的緊急訊息。儘管記憶中樞並不在思考中樞附近，這樣的位置卻有其好處，讓記憶中樞可以擷取並過濾來自警報和獎勵中樞的訊息，避免兩者用過多的資訊疲勞轟炸思考中樞。記憶中樞負責篩選訊息，尋找真正有幫助的資訊來輔助思考中樞，完成任務。所以學習腦是團隊合作的成果，由思考中樞領導，由記憶中樞提供關鍵支援和協助。

而最佳大腦指的是一個更大規模的團隊，除了學習腦，還包括情緒腦的警報和獎勵中樞，以及爬蟲類腦的所有原始需求。然而這種組合的主要問題在於，警報和獎勵中樞可能會導致記憶中樞分心，或甚至被大量的緊急訊息癱瘓。

大腦的階層制度非常重要，因為大腦警鈴總是想插手腦內發生的所有事情，幾乎從不休眠，隨時都在主動和爬蟲類腦溝通。舉例來說，警鈴會指示爬蟲類腦加速或減緩心跳和呼吸頻率，或是繃緊或放鬆肌肉。同時間，大腦警鈴也會收到來自爬蟲類腦的各種訊息，包括身體的安全、力量和健康。警鈴就像捕鼠器，一旦發現我們身陷危險就會發動。警鈴也會持續傳送訊息給記憶中樞，以取出有助於我們集中注意力的檔案，不論是為了面對危險或是追求潛在的獎勵。

若要讓大腦達到最佳狀態，必須要能夠辨認各個階層的訊號，而不是一概忽略。要做到這一點，就必須向大腦警鈴確保我們的思緒清晰到足以保障自身的安全。獎勵中樞無法傳達這樣的訊息，因為只要能為我們帶來愉悅感，獎勵中樞就算叫我們跳下懸崖也在所不惜。記憶中樞也無法讓警鈴感到安心，因為記憶中樞雖然能從我們的記憶檔案中提取資訊，卻無法進行判斷或決策。

唯有思考中樞可以同時處理來自爬蟲類腦和情緒腦的資訊，然後把注意力放在我們想要學習的事物。我們有能力調整自身的壓力指數，以便讓自己專注於目標上。思考是大腦最強大的功能，好好運用這項功能，就是最有效減輕壓力的方法。為了說明大腦如何自行調整至最佳狀態，我們先來看一位年輕女性的例子，看她如何成功地運用大腦，在體能、藝術才能和精神專注力等各方面表現達到巔峰。

巔峰表現的祕訣

我們無法達到巔峰表現，最大的阻礙不是因為缺乏生理或心理上的素質，而是因為生存腦和學習腦沒有維持良性的競爭合作，反而變成敵對狀態。而達到巔峰表現的那些人，他們不僅將身體、專業技能和知識調整到最佳狀態，還包括了心智。他們出於直覺地讓思考中樞專注於溝通，在向警鈴學習的同時也向它保證一切都在掌控之中。又或者他們從指導者和榜樣身上學會了如何保持專注，進一步培養出這種能力。

二〇〇二年於猶他州鹽湖城舉辦的冬季奧運，眾人準備見證期待已久的新一代美國滑冰公主奪下花式滑冰的金牌。當時關穎珊二十二歲，已經贏得四次世界花式滑冰錦標賽和六次美國花式滑冰錦標賽。她曾在一九九八年的日本長野冬季奧運奪得銀牌，以些微之差敗給美國隊友塔拉・利平斯基（Tara Lipinski）。

在比賽第一段的短曲項目[1]結束後，關穎珊排名第一。排名第四的是薩拉・休斯（Sarah Hughes），美國花式滑冰錦標賽的銅牌得主。休斯並不算國際賽事的新面孔，但關穎珊仍然是最熱門的金牌人選。她這一輩子的努力就是為了贏得這場大賽，然而這樣的心態反而成了阻力。

這場比賽非常適合用來研究如何將大腦調整至最佳狀態。在開始表演短曲之前，關穎珊面露微笑，她已經從過去的經驗學會如何專注於當下。第一天晚上比賽結束後，她在發表感言時提到：「我以身為美國人為傲。我也很努力地表演滑冰，努力想讓美國民眾引以為傲。這對我來說是很不可思議的一刻。」關穎珊在場上想必很緊張，不過她運用學習腦把注意力集中在自己可以控制的事物上，這種做法有效地緩和了她的大腦警鈴。

另一方面，休斯則是出現了極大的警鈴反應。在等待表演開始時，她的視線朝下，不斷地繞圈滑行。當她試著深呼吸，肩膀因為緊繃而明顯抬高，直到完成雖不完美但扎實的跳躍動作，她才開始微笑。

你應該不難發現兩人之間的差異：關穎珊知道如何處理緊張和期待的情緒，她知道對自己來說，專注於為國爭光的喜悅並且充滿感情地表演滑冰，就是讓大腦警鈴知道學習腦掌握一切的最佳方法。當年十六歲的休斯缺乏經驗，這是她第一次參加冬季奧運，而且她在美國花式滑冰錦標賽時輸給其他兩位美國選手，她不知該如何讓警鈴

---

1 單人花式滑冰競賽分為短曲與長曲兩部分，前者約佔總得分的三分之一，後者約佔三分之二。

緩和下來，只能靠腎上腺素勉強完成演出。

後來，情勢出現了變化。

表演長曲項目時，休斯帶著笑容入場，完成第一組兩周跳躍並且流暢地滑過冰面，接著是第一組三周跳躍，實際上是由兩組三周跳躍組合而成，然後在落地的瞬間自然地露出燦爛笑容，顯然她的大腦警鈴已經重設完畢。在這之後的每一次跳躍都一樣：跳躍之前呈現極度專注的表情，落地後則是全然的歡欣。完成表演的瞬間，每個人都可以感受到她的愉悅與滿足。

休斯如此形容她表演長曲時的心情：「我不是為了金牌才滑冰，我想要在場上享受美好的時光。我對自己說：『這可是奧運，我想要拿出最好的表現。』」她在兩次表演之間將大腦調整到最佳狀態。「我表演滑冰是為了純粹的享受，這就是我夢想中的奧運。」

在上一場比賽，關穎珊有效地管理了自己的大腦警鈴，這一天她是倒數第二個表演長曲的選手。也許是因為前一位選手是休斯，也許是因為想到要再等四年才有機會奪金，她在開始滑行前看起來一臉專注，並在音樂響起時露出耀眼笑容。然而她的第一跳很緊繃，下一組三周跳躍更是兩腳落地。接著，在長曲進入三分鐘的時候，她跌落在地。

「我覺得自己在長野那一次比較失望，因為那時我表現得好多了。」關穎珊在賽後表示：「今天晚上就是難免會發生的狀況，我不知道為什麼會表現得不如預期。」

因為她們專注的目標並不一樣。

對關穎珊而言，警鈴想要獲勝的企圖在最後一場表演佔了上風，獎勵中樞太渴望感受到夢想成真的愉悅，使得學習腦無法發揮應有的功能，專注於真正重要的目標：享受滑冰。

儘管休斯在第一場表演很緊繃，她在第二晚卻隨著每一次的成功跳躍而變得越來越自在。當她專注於奧運滑冰演出的愉悅感，每一次的連續落地都賦予她更強大的自我控制意識。休斯的大腦成功取出練習了成千上萬次的落地記憶，讓她能夠清晰思考如何為每一次的跳躍動作做足準備。相對地，關穎珊的警鈴隨著每一次犯錯響得越來越大聲，她卻沒辦法讓警鈴緩和下來。

我們從這兩個案例可以發現，選手表現傑出的祕訣，在於運用學習腦來聆聽警鈴的需求，並且讓警鈴知道一切都在掌控中。其實兩位選手都有能力進入完全專注的狀態，只是休斯在最關鍵的時刻把這項能力發揮得更好。

焦點轉移

真正的專注是把注意力集中在重要的事物上，同時避免高漲的警鈴反應取代大腦的思考功能。當你自問：「我人生中真正重要的東西是什麼？」第一個浮現的想法是不是某種煩惱？你是否會擔心永遠都沒辦法得到想要的東西？或者是想到了讓你抓狂的情況或對象？

有這些想法很正常，但卻無助於我們達到巔峰表現，或是成就真正渴望的生活。這些想法是針對大腦警鈴的訊息所產生的回應，你可以從中得知究竟是什麼阻礙了你，讓你無法達成最重要的目標。除了找出問題的解法，或是避開問題並祈禱船到橋頭自然直，你還能採取什麼行動？

你需要告知大腦警鈴不必擔心，因為你已經了解它的擔憂，也有能力處理眼前的情況。要做到上述這一點，你必須轉移焦點。這麼做可以讓你從被警鈴發出的訊號追著跑，變成主動選擇專注在你希望自己學會的事物上。

如果你的大腦處於最佳狀態，當警鈴發出訊號時，首先會想到的是：

- 情緒（例如愛、信任和自信）
- 思維（例如你的基本價值觀）
- 目標（例如你想要達成什麼目標才符合上述的價值）
- 決策（展現同理心和尊重，而不是好辯或防衛心）

你會回想起人生中所學到最重要的經驗，讓這些經驗引導自己，而不是任由警鈴根據生存需求（或稍縱即逝的獎勵）做出所有決策。

你不是只有偶爾才會發揮這項能力，而是每天每刻都在這麼做。你每天努力記得如何讓生命更有價值，不論是宏大的目標（例如花時間禱告，或刻意從事不討好但能讓世界變得更好的工作）或是微小的瑣事（例如在遷怒他人之前先停下來想一想）。

我們人人都可以擁有最佳狀態的大腦嗎？還是得成為有教練團隊指導的奧運選手才能學會專注？是，人人都可以擁有；不，你不需要教練團。人類大腦與生俱來的潛力足以讓我們達到最佳表現。

不過要讓生存腦和學習腦團隊合作，這項能力並非與生俱來。專注是一項需要學習和培養的技能，需要決心、投入和不斷練習，但不會比學習其他技能困難多少。

家園英雄

父母和伴侶為了要維持一個家庭，每天都在運用上述技能創造巔峰表現，其中最驚人的例子是職業軍人的配偶或伴侶。當心愛的人在海外冒著生命危險工作，這些家園英雄專心照顧孩子的健康和教育，打點家用，想盡辦法維持家中氣氛與環境的穩定，有些人甚至還必須外出工作。

他們必須管理家中大小事務，管理自己的恐懼和擔憂，還要給予遙遠的愛人精神上的支持，難道不會經常情緒崩潰嗎？他們是怎麼做到的？因為他們把注意力集中在最重要的事物上，藉此啟動學習腦。

安娜的丈夫預計在十月一日被派往阿富汗，她非常清楚該怎麼做。全家人最喜歡的節日是感恩節，她的雙親和丈夫的雙親都會來到家裡和三個年幼的孩子一起慶祝。於是她決定在九月舉辦傳統感恩節餐會，提早讓全家人相聚，不僅為家人和丈夫創造了可以時時懷念的美好回憶，也讓大家相聚的時間儘可能地充滿意義。

沒有人可以精準地啟動學習腦，或者時時刻刻啟動學習腦。這些丈夫和妻子也會感到憤怒和沮喪，也會脫口說出不該說的話——就像我們任何人一樣，即使在最好的情況下面對這般沉重的壓力，也會做出同樣的反應。儘管心中擔憂伴侶的安危，他們還是想盡辦法成為家人的支柱，儘量維持每個人生理和心理上的安定。

這群人可說是被遺忘的戰爭英雄，他們憑著勇氣和奉獻將自己大腦內的焦點從壓力轉移到愛。就算把大腦調整至最佳狀態，也沒有辦法消除分隔兩地的痛苦、不安和焦慮。但是透過學習腦的力量，他們從痛苦中找到了意義，把注意力轉移到值得珍惜的事物上，並且為軍人伴侶提供支持與安全感。這就是長期處於警報模式和高度專注之間的最大差異。

借用學習腦

身在戰場上的職業軍人需要配偶或伴侶協助他們緩和大腦警鈴；當我們陷入長期的壓力時，也需要仰賴他人提供來自學習腦的助力。

現在，想一想你最喜歡的教練或老師。最稱職的教練就像約翰・伍登（John

Wooden）[2]，透過一連串簡要的修正建議，把自己的學習腦借給球員。最具影響力的老師就像詩人馬雅・安傑洛（Maya Angelou），每年講授數十場課程，提醒眾人關注生命與文化的多元性，而且每一個人都可以做得到。當有人幫助我們把注意力集中在當下可以做到的事，就能讓我們的大腦警鈴緩和下來。他們這麼做是在引導我們的學習腦傳送出明確的訊息：我們現在有比感受壓力更重要的事情要處理。

即使是最不被看好的人，只要在他人幫助下學會專注，也能有了不起的成就。在二〇一〇年之前，登上聖母峰頂點的最年輕紀錄保持人一直都是一位十六歲的尼泊爾登山家。二〇一〇年五月，當時年僅十三歲的喬丹・羅麥羅（Jordan Romero）打破了這項紀錄。他跟著經驗豐富的登山家父親和繼母爬上八千八百四十八公尺的頂峰。

他是怎麼辦到的？大部分的青少年根本沒辦法讓大腦保持專注，連寫完數學作業都有困難。在曾經嘗試登頂的五千多人之中，有超過兩百人因為身體不適而死亡。究竟是什麼關鍵讓喬丹能夠忍受這樣嚴苛的條件？

當然，他進行了嚴謹而且大量的事前訓練。我們無法得知他在登山每一個階段的心理狀態，但可以確定他懷抱著夢想。他的目標是登上每一洲的最高峰，但是這還不夠，他想要達成一項非常驚人的成就，並且一輩子都能為此感到驕傲：他想要證明不論是什麼年紀的人，都有能力完成看似不可能的挑戰。

但是青少年要達成這麼龐大的目標，需要的可不只有夢想。最重要的是他的大腦狀態：他並非獨自登山，而且他對雙親充滿信任和信心。這一家人來自加州大熊湖，登山是他們生活的一部分。除了專業的登山技巧，喬丹相信父母會督促他做該做的事，而不是逼他做不喜歡的事。他在《今日秀》（*The Today Show*）的採訪中表示，他有過放棄的念頭，不過全家人還是繼續往上攀登，因為他們想要一起完成其他家庭無法達成的目標。

當我們的大腦警鈴大作，隨時都可以向好友、家人、老師、教練或心理諮商師借用學習腦。我們不必孤軍奮戰，不論是要學習令人恐懼的新事物（例如登上世界最高峰），或是從忙碌的生活中消除壓力帶來的痛苦，我們都能重新掌握自己的大腦和專注的能力。

陷入警鈴反應時，我們都有可能會看不清自己的核心價值和目標。儘管如此，每

---

2 美國加州大學洛杉磯分校（UCLA）的傳奇籃球校隊總教練，在任職的十二年間帶領球隊拿下十次冠軍，並締造多項紀錄。

個人都有能力，甚至可以說有責任，在某個時間點重新將注意力放回這些價值觀與目標上。其他處在學習模式的人協助我們重拾專注力，等於送了我們一份大禮；當我們心懷感激地了解到這一點，我們就能體會到最佳大腦的真正力量。更令人期待的是，我們可以準備好，將來把自己的學習腦借給其他有需要的人。

整合生存與學習模式，將大腦調整至最佳狀態

本書後續的章節會介紹將大腦調整至最佳狀態的方法，這是根據作者朱利安・福特在臨床研究工作上傳授的一套技巧，對象包括受過創傷或是面對長期生活壓力的大人、青少年和兒童。曾有客戶請他將這些技巧濃縮成一個單詞，以便使用和記憶這些技巧。

當福特思考如何滿足這項充滿創意的要求時，他發現每個人受到創傷或承受壓力時所面對的兩難困境，就是被困在壓力反應之中。創傷和壓力本身確實相當可怕，然

而這些經歷最糟糕的部分，通常是事件發生後的數年甚至數十年，因為壓力反應似乎永遠都不會好轉。

雖然極端的壓力反應是度過創傷的必經之路，但若一直持續下去，可能連微小的壓力也會觸發「創傷後壓力」反應。PTSD的症狀之所以會出現，是因為大腦在創傷事件結束後仍卡在生存模式，而倖存者不知道該如何讓大腦停止保護自己。因此福特認為，若要用一個單詞來形容邁向理想生活的途徑，那就是「自由」（FREEDOM）。

我們都希望擺脫創傷和壓力，儘管全球各地有許多激勵人心的計畫，致力於預防暴力、虐待、歧視和極端貧窮等問題，仍然無法徹底消除創傷和壓力。我們能做到的就是改變自己面對創傷和壓力的反應模式，以及如何在歷經創傷事件後重建生活。

我們將「FREEDOM」的每個字母和不同的概念連結，代表將大腦調整至最佳狀態的方法。接下來我們將協助你學會這套模式。這些字母分別代表：

- 專注（Focusing）
- 辨識導火線（Recognizing triggers）
- 發揮情緒力量（Empowering your emotions）

- 實踐核心價值（Exercising your core values）
- 制定最佳目標（Determining your optimal goals）
- 做出最佳選擇（Optimizing your choices）
- 為世界帶來正面貢獻（Making a positive contribution to the world）

前面有提到，當我們面對壓力或是將大腦調整至最佳狀態時，專注力扮演了相當關鍵的角色。所以第二部的重點就是教你如何培養並練習這項技能。你將會驚訝地發現自己其實早已頻繁地運用這種思維模式，這也是為什麼專注其實並不難學習。另一個令人驚訝的發現是你每天有多少機會可以讓自己專注，並且做出正確的選擇來緩和自己和他人的大腦警鈴。這可以算得上是任何一個人能為自己和社會做出最有價值的貢獻。

我們將會在各個章節分別說明如何在極端壓力下保持專注，該專注什麼目標才能讓大腦達到最佳狀態，以及每天如何運用自我控制的能力，為自己的人生選擇適合的道路。大腦警鈴不會停止作響，所以我們希望你能學會如何讓學習腦專注。我們希望你了解聆聽是緩和警鈴的祕訣，並且因此獲得自由。我們是騙不過大腦警鈴的，當你的生活失去平衡，它一定會知道。所以我們要學會關注真正重要的事，藉此運用警鈴訊號來管理壓力。

行前警告：二手壓力

為什麼將大腦調整至最佳狀態如此重要？

答案是二手壓力。就算你完全理解大腦科學，你知道面對壓力首先該採取什麼行動，或是你把我們即將教你的技巧練習到足以授課或出書的程度，還是無法改變現實世界。不論你進入什麼樣的環境，總會有人的大腦警鈴正在響個不停，或者即將響個不停。

其他人的大腦警鈴就像二手菸，當你身旁的人在抽菸，你也會吸到他呼出的煙。如果一棟大樓失火了，你沒有戴著氧氣罩就衝進去，一定會吸進有毒氣體。壓力也是相同的道理。

就算你在家裡，坐在最喜歡的椅子上看書，心情完全放鬆，除非你關掉所有機器，電視、收音機、手機、電話和電腦，不然其他人就是有辦法聯絡到你。當朋友傳給你一則寫著「求救！」的簡訊，也許他們只是在試新菜單時需要幫忙，但這段訊息卻可能觸發你的大腦警鈴，讓你誤以為他們的生命受到威脅。

就連購物都有可能造成二手壓力。上超市對歐洲人來說是每天的必要行程，有點類似用來緩和大腦警鈴的儀式。他們會穿梭於貨架之間，仔細挑選最適合當天心情的麵包和食物。

然後我們回頭想想已經散布到全世界的現代美國購物體驗：所有商品、任何一種商品都要立刻、現在、馬上到手！

超市內燈光明亮，人們來去匆匆。超市給人的感覺並非把食物當作珍貴的商品，而是想辦法用最少時間賣最多東西，這樣才能在一天之內讓最多消費者光顧。最後一句話是不是觸發了你的警鈴？

這就是二手壓力的運作方式。即使你已經確實了解如何讓自己從壓力中解放，不代表其他人會這麼做。在解說有效管理大腦所需的知識之前，我們希望你了解，這些知識無法讓你擺脫愛小題大作的朋友，或是繁忙又令人緊繃的辦公室環境。

你會發現二手壓力對每個人的生活都造成極大的影響。每個人的大腦裡都有警鈴，大部分人卻不知道警鈴的運作方式，也不知道如何重設警鈴，因此我們身邊經常會有人處於或瀕臨啟動警鈴反應的狀態。他們不是壞人，只是對大腦警鈴的影響一無所知。

當其他人的壓力反應觸發你的警鈴，你對二手壓力的反應可能會癱瘓你的思考和記憶中樞。不必擔心，我們會教你如何應對這種情況。解決方法並不是責怪對方把自身的壓力丟到其他人身上，因為每個人有時候都會不自覺地這麼做。我們希望你明白，你可以運用最佳大腦來幫助自己和他人。當然不是向他們解說大腦警鈴是如何讓生活慘不忍睹，如果你這麼做就表示你的警鈴已經佔上風了。你可以重設自己的警鈴，並且證明給其他人看，從生存模式切換到冷靜且思緒清晰的狀態並非不可能。

壓力的類型有很多種，我們可以也必須學習與某些壓力共存，而有些壓力是我們必須排除或遠離的。不論是哪一種情況，處理壓力都需要大腦處於最佳狀態，亦即讓警鈴和思考中樞保持溝通順暢。值得慶幸的是，其實我們每個人每天專注在做某事的時候都在運用這項能力，而現在我們要學會如何有意識地運用它。

第二部

壓力管理大師沒教的事：專注

The Missing First Step in Stress Management: Focusing

第四章　進入專注狀態的SOS

我們已經解釋過處於最佳狀態的大腦可以發揮什麼能力，而且你隨時可以透過關注重要事物來重設大腦警鈴。現在我們要說明如何做到這一點。「FREEDOM」模式的第一個步驟就是專注。

我們知道自己應該要專注於家庭、工作或是我們想要精通的技能，如運動或音樂，但是該怎麼做才能讓大腦專心呢？

我們可以用大家耳熟能詳的「SOS」，來描述這個幫助我們立即進入專注狀態的公式。眾所皆知，SOS求救訊號源自船艦即將沉沒時，艦長透過摩斯密碼傳送求救訊息縮寫。我們這裡說的SOS定義類似但又不太一樣，每一個字母都是提醒你該採取某一個關鍵行動，來幫助你的大腦進入專注狀態。它們分別代表「跳脫現狀」（Step back）、「重新定位」（Orient）和「自我檢查」（Self-check）。無論你狀況不佳或壓力反應瀕臨失控，或者當你需要拿出最佳表現時，你隨時都可以運用這個簡單的技巧，緩和警鈴並且重獲清晰的思緒。

一般壓力管理的方法雖然步驟明確，但卻沒有辦法發揮作用，因為大腦警鈴和學習腦並沒有建立起合作關係。當你使用這些壓力管理技巧時，這種合作關係可能會偶然出現，但若想長期維持這種合作狀態，你必須學會真正有效的方法。

科學實驗證實了SOS可以從兩方面緩解壓力。首先，這是一種預防性措施，為了避免出現壓力反應，也就是大腦警鈴像浩克一樣失控，你必須訓練大腦為這種情況做足準備，搶先辨識出壓力，以免進一步觸發激烈且難以管理的壓力反應。

這也是一種干預措施，在警鈴大作時中斷並緩和壓力反應。警鈴的功能是提醒和保護，因為它知道生活中可能會出現許多問題，自然希望能確保不會有任何壞事發生在你身上，或者至少讓你準備好面對無法避免的壓力來源。話雖如此，當你能夠熟練運用SOS後，其實不太會把這項技巧當作干預措施，因為你已經培養出事前辨識警鈴反應的能力，並且知道如何在壓力挾持大腦前將注意力轉移到重要的事物上。

新版SOS：跳脫現狀、重新定位與自我檢查

第一個「S」代表「跳脫現狀」，也就是關注當下，暫停、慢下來，釐清面對壓力時通常會變得更加混亂的思緒。開啟警鈴和學習腦溝通管道的第一步，就是讓大腦重回冷靜、自在但警覺的狀態。請記得，要想進入清晰思考和集中注意力的狀態，不僅需要先放鬆，同時也必須聽從大腦警鈴的提醒，也就是保持警覺。跳脫現狀可以同時達成上述兩個目標，幾乎是立即就能讓大腦的活動達到最佳狀態。現在來試試看你能不能體會這種感覺。

暫停十秒鐘，掃除腦中的一切想法。做得到嗎？大部分的人一開始都做不到，很多人就連在泡咖啡時腦中都是千頭萬緒。當我們真的能夠慢下來，徹底感受到當下這一刻和自己正在經歷的一切，才是真的開始把焦點從大腦警鈴轉移到思考中樞。

現在讓我們再試一次。

你的大腦有能力瞬間帶你回到最早的記憶，或是另一個想像的宇宙。不過此時此刻，你就在這，在這個特定的地點。若是你的大腦怎麼樣都無法清空，或者你想要清空，但各種思緒和影像還是不停回流到腦中，你可以採取另一種方法來跳脫現狀——

關注周遭的環境或自己的身體。你隨時都可以觀察、聆聽和感受自己身處的地方。

第一步，看看你的周遭，單純地觀察任何你注意到的東西。不必判斷、評估或試圖改變任何部分，只要觀察就好。不論你身在何處，花個十秒鐘，暫停原本正在進行的一切，看看四周。

接著再重複一遍，不過這一次請閉上眼睛，專心聆聽。

在這兩次練習中，你開始疏通大腦不同階層之間的溝通管道。當你跳脫現狀，等於是讓大腦慢下來，開始專注在當下。

現在，你已經準備好進入「O」的步驟：重新定位。你必須做出單一、明確但不太容易的抉擇。你可以透過回答以下問題來了解這個抉擇：哪一個想法足以表達目前在你的人生中最重要的事物？這裡的想法指的是任何一種類型的大腦活動，包括影像、視覺呈現、點子、單詞或短語、情緒、價值或目標。減輕壓力的關鍵就是在當下專注於「一件事」，而且是此時此刻在你人生中最重要的事。

這個步驟通常需要一些準備，因為你應該鑽研人生中最具價值和正面意義的特定層面，而非你最執著的問題或挑戰。執行SOS最常見的錯誤，就是專注於警鈴的問題，而不是能夠緩和警鈴的思維。舉例來說，如果你把注意力放在自己抗拒的事情，像是你不想在比賽中犯錯，或是不想在上台報告時說錯話，事實上就是在引起警鈴的注意。

如果腦中想的是警鈴的問題，你一定會馬上發現。因為你在懷著這種想法的同時，一定會衍生出更多負面情緒或生理上的壓力反應。我們想引導你找回冷靜、清晰的思考，感覺一切都在掌控中。那麼，你現在有什麼想法呢？

你在學習非常感興趣的事情嗎？和重視的對象待在一起？或者想像在他們的身邊，聽到他們的聲音？

進行非常有成就感的活動？

了解自己值得引以為傲的特質？

現在，用十秒的時間跳脫現狀。

接著專注在一個想法上：我是有價值的人，因為我＿＿＿＿＿＿。

再多讀幾次你填入的內容。

你剛剛已經完成了SOS的前兩個步驟，運用學習腦把焦點切換到當下這一刻，並且判斷自己該把注意力放在什麼地方。當你順利清空大腦，或者單純地觀察自己身處的環境和身體的感受，就是在發揮控制大腦的能力。這麼做可以向大腦警鈴傳送反饋，證明你已經進入警覺狀態，而警鈴就會開始減緩壓力感。

接下來，你可以直接啟動大腦的思考中樞，發想對你來說重要的新念頭，例如專注於本書的內容，或是傳送指令要記憶中樞喚出某段記憶。請注意，你只能集中注意力在單一的想法上，否則警鈴會再次響起。只要鎖定一個想法，不論是一個句子、影像、聲音、活動、地點、對象，都可以讓警鈴知道你完全握有掌控權。

然而這個做法並不是每次都有效。

所以我們才需要第二個「S」：自我檢查。執行SOS的最後一個步驟，不僅為這個循環畫下句點，也能確保你在過程中有所收穫。做法非常簡單，就是用一到十來評估你的壓力指數。正如我們在第一章解說的，「十」代表強烈的警鈴反應，也就是你這一生中感受到最多的壓力或痛苦；「一」代表徹底的冷靜，完全不受任何壓力束縛。壓力自我檢查就像在為警鈴量體溫，一般來說，大部分人的壓力指數會介於三到八之間，鮮少有完全無壓力或者處於壓力巔峰的情況。

如果你的壓力指數落在中段，也就是三到八之間，讓大腦專心的最佳方法就是在腦中記下（或是記在日誌上）自己的壓力指數，然後繼續檢查你的自我控制指數。建議你持續留意並追蹤曾觸發警鈴的經驗，這樣下次再遇到時，你就能用不同的方式應對。如果你現在的壓力指數非常高，達到九甚至是十（也就是你這一生最糟的體驗），務必要暫停一下，並判斷可以採取什麼行動來立刻解決眼前的嚴重威脅。

檢查壓力指數後，另一個重要的步驟就是檢查自我控制指數。「十」表示你覺得可以完全掌控自己的生活；「一」則表示你的注意力實在過於渙散，以至於思考中樞完全沒有在運作，讓你覺得失去控制或無法清晰思考。和壓力自我檢查一樣，多數人的自我控制指數都落在三到八之間，意味著你思緒清晰，能夠良好地自我控制，但還不到能完全掌控的程度。如果你屬於上述情況，請在腦中記下指數（或是寫在日記裡）。

如果你的自我控制指數非常低，只有二甚至是一，最好還是回到第一步驟「跳脫現狀」，立即處理眼前的情況。當自我控制落在最低點，通常並不是因為你真的完全無法控制自己或徹底失控（個人創傷或導致思考中樞停止運作的極端災難除外），而是因為警鈴讓你的體內充滿腎上腺素，以至於你無法清晰思考。

能夠讓我們回到「最佳大腦」的關鍵，就是能讓我們從極端壓力反應中恢復的方法：我們必須啟動思考中樞，將焦點轉移到學習上。如果你的自我控制指數只有一或二，請再次跳脫現狀，專注在唯一有助你想起人生意義的核心想法，讓大腦重新定位。也許你還是會覺得沮喪或煩惱，但現在你會發現自己已經可以開始釐清狀況，而不只是單純地對壓力產生反應。

當你可以規律地執行SOS，調整警鈴和清晰思考的能力，表示你已經學會了過去只有神祕主義者和蘇非派（Sufis）[1]信徒掌握的技能。以前只有商界、藝術界和運動界最頂尖的好手精通此道，而且他們都是依靠直覺學會這項技能。執行SOS最大的優勢在於，這些步驟會變成你面對壓力時的新習慣。因為你已經做好準備，不僅在面對壓力時會感到比較輕鬆，當大腦警鈴響起時也會知道該採取什麼行動。

當令人神經緊繃的董事會開到一半，根本不可能讓你停下來進行二十分鐘的冥想；你的伴侶大概也無法接受吵架吵到一半時，你突然開始做起瑜伽。但是別忘了，你永遠可以執行SOS。

---

1 伊斯蘭教的神祕主義分支，倡導簡樸的生活以及透過默禱沉思與真主結合。

一夜好眠

丹尼斯躲在床上無法入睡，因為明天是他人生中最重要的一場報告。剛出生的孩子熟睡著，太太也入睡了。丹尼斯睡不著，因為他們需要一間有更多臥房的新公寓。如果董事會喜歡他的新產品計畫，上司承諾會給他更多獎金，而他需要這筆錢搬到更寬敞的新家。

丹尼斯的大腦飛快運轉：「萬一我失敗了怎麼辦？我在人群面前報告過上百次了，我可是銷售專家，我可以做得到！但要是我生病了怎麼辦？萬一我忘記最關鍵的重點呢？我知道董事會最喜歡打斷報告，萬一我沒辦法立即回答他們的問題呢？我告訴瑪西，我會讓全家有更大的房子住。如果這次沒成功，她一定會覺得我很失敗。如果他們不喜歡新產品，我大概真的很失敗吧……」

丹尼斯盯著天花板，然後想起了SOS。「如果我不睡一下，明天一定會表現很差。」

於是他選擇跳脫現狀。他最喜歡的方法是聽著剛出生的孩子的呼吸聲。丹尼斯翻過身，看了寶寶的嬰兒床一會，接著閉上雙眼，專心聆聽。

然後他翻身平躺，露出微笑。他感覺到壓力正在下降。丹尼斯決定把注意力集中在一直以來能讓他冷靜下來的那項活動：射籃。他想像自己正在射籃，就這樣持續了幾分鐘。這個方法大致上達到效果了。

但是上台報告的焦慮還是不停入侵丹尼斯的腦海。他檢查自己的壓力指數，發現還是太高，雖然已經下降到四，但還沒低到足以入睡。他已經練習過報告內容無數次，他現在一點也不想再練一次。他現在最渴望的是成功在握的感覺，他希望董事會的每個成員能看著他的雙眼，稱讚他的表現。「就是這樣。」他邊想邊感到些微興奮。

為了讓大腦再次慢下來，丹尼斯閉起雙眼，聽著女兒的呼吸聲。接著他想像自己和董事會成員握手，他們的眼神看起來很滿意；他想著太太為他感到驕傲，同時，他感覺到自己的呼吸逐漸減緩。丹尼斯繼續想像自己在會議上完成了非常有把握的工作，與另一位董事會成員握手。耳邊傳來女兒的呼吸聲，最後他感覺到自己的意識漸漸飄遠。

一切都沒改變，改變的只有大腦專注的方式，以及你看待和理解事情的方式。很多人以為壓力反應是生活的常態，而毫無壓力的片刻是意外的小確幸。我們會反覆品味這美好的時刻：浪漫的夜晚、完美的假期、傑出的表現，或是成功完成一份專案。

儘管我們希望這些令人感覺如此良好的時刻可以多一點，卻還是默默忍受壓力失控的日常生活。其實你的生活可以不必充滿壓力。就算不改變世界，你也可以改變自己的壓力反應，以及面對這些反應的方式。

現在有兩個世界，每當你執行SOS，就獲得了一次重新選擇的機會。選項一：**警鈴世界**。這裡一片黑暗，充滿痛苦和壓力；這裡一片混亂，藏匿著你無法控制的各種情緒。在這裡，你無視警鈴的訊息，任由大腦自動反應。你感覺到恐慌、無力、害怕又絕望。這裡毫無希望，每一天都令人厭倦，你不敢想未來會如何，更糟的是，短暫的快樂遲早會結束，隨之而來的只有更龐大的壓力。

選項二：**理想世界**。以前，你以為好日子是一種意外或幸運。學會讓大腦專注之後，生活一天比一天更接近你理想的模樣。你的大腦不再充滿會觸發警鈴的想法和情緒，你現在只會想著應該在腦袋裡裝什麼。你會感受到學習腦的情緒，而不是大腦警鈴。你選擇的目標不會再讓你隨時充滿壓力和腎上腺素，你的生活能夠有所貢獻，但不必承受不合理的挑戰。

理想世界的生活並非十全十美，但只要你的警鈴與思考和記憶中樞能夠順利合作，就有機會將大腦調整至最佳狀態，讓你在面臨真正的挑戰時選擇合適的應對方式。當急迫的需求導致你的警鈴開始發送壓力訊號，你會知道如何運用這項資訊來保持專注，解決眼前的挑戰。生活在理想世界，你也許還是會感受到壓力，還是必須努力應對，但現在你多了一個選擇：你可以選擇專注於自己重視的事物。

第五章 跳脫現狀：用自我管理取代反應

跳脫現狀，慢下腳步，啟動大腦額葉……這些步驟等於在第一時間發出訊號，告訴警鈴一切沒事。舉例來說，早上起床沖澡時，常常會在腦袋裡一邊梳理接下來一整天要做些什麼事，或者思考生活中尚未確定或解決的問題。而一想到這類問題，可能會導致我們的肌肉緊繃，或感受到壓力引發的不適，因為大腦警鈴使得我們有所反應。又或者……**我們可以用自我管理取代警鈴反應。**

開啟入口

跳脫現狀是開啟警鈴與學習腦溝通路徑的關鍵第一步。當大腦警鈴認為我們陷入危險，就會瘋狂敲打緊閉的路徑；當我們跳脫現狀，等於打開溝通管道的入口，讓資訊流通於大腦各區塊。管理良好的大腦應該要能冷靜地掌控一切，也就是你可以自己選擇要思考和感受什麼，而不是任由警鈴主宰。

想要開啟清晰的思緒，其實不必整天把自己藏在不受人干擾的地方，也不用改變生活型態，任何時候都可以開啟學習腦和警鈴之間的溝通。當你開始這麼做，意識到你很安全的思考中樞就會把安心的訊息傳送給擔心你身處危險的大腦警鈴。

我們執行SOS只有一個目標，很簡單，那就是專注。專注的第一步是清理腦中的千頭萬緒，因為引發警鈴反應的正是那些擾人的負面想法。例如迫在眉睫的截止期限或引起爭執的對話。大腦一想到這類情況，警鈴就會開始加速，想要立刻解決問題，阻止接下來可能發生的任何威脅。之後當我們坐在書桌前開始認真工作，或是需要集中精神進行重要的對談時，這種反應其實是一種助力。

但是當下我們無法靠意志力緩和警鈴，要自己別再這麼想。事實上，告訴自己「別擔心」就是另一種警鈴思維；越是試圖解決壓力，反而會讓人壓力更大。因此，我們該採取的第一個行動就是聚焦單一想法，例如「我要暫停一下，放慢步調」。以淋浴的例子來說，當我們的大腦開始運轉，當下重要的是專心感受熱水帶來的舒適感。你可以刻意地注意力集中在那舒爽的熱度和力道適中的水壓。只要你願意，任何時候都可以跳脫現狀，讓大腦專心感受當下的體驗。

每個人都可以找到不同的方式來跳脫現狀。舉例來說，如果你擔憂工作的問題，也許你可以一次完成一件事，藉此放慢步調；如果你的工作需要和學生互動，或是家裡有小孩子要照顧，也許花個幾分鐘單純地深呼吸幾次。在電影《駭客任務》（*The Matrix*）中，主角尼歐的導師引導他如何運用大腦來控制電腦創造出的虛擬世界。尼歐好奇自己是否有能力躲開子彈，導師莫菲斯則回答說，一旦他準備好，「根本不用躲」。在現實世界中，我們無法阻擋子彈，但我們可以緩和壓力產生的反應，直到警鈴不再作響或導致情緒崩潰。

第一個步驟「專注」，其實就是一種簡化的過程，讓學習腦直接告訴警鈴我們已經了解現在是什麼情況，也已經著手處理。當大腦警鈴響個不停時，不論實際情況究竟如何，每一件事都變得很緊急，每一個狀況感覺都像是待解的問題。這時候如果能跳脫現狀，就能重新啟動學習腦。我們不再感受到警鈴排山倒海而來的訊號，而是運用思考和記憶中樞來減緩腎上腺素的流動，重新平衡壓力荷爾蒙，重新感受到平靜與掌控。

現在讓我們再試一次。此時此刻，什麼事物引起了你的注意？如果你在飛機上，也許是正在咳嗽的某個人，讓你覺得自己可能會被傳染，而一想到生病就觸發了你的大腦警鈴。如果你在公司，也許有太多工作要做；如果你在家裡，也許有太多家務要處理；就算你正在度假，也許還是會想著該如何善用休假完成所有想做的事。生活在現代社會，我們好像總是有做不完的事。

這讓你的警鈴開始大聲作響了嗎？腦中的胡思亂想，或是來自周遭的大量刺激，導致我們的警鈴變得如此容易被觸發。壓力就像雲霄飛車，放慢速度的唯一方法只有走出車廂。

現在閉上雙眼，深呼吸幾次。感覺如何？如果你還是覺得有壓力或緊繃，再緩慢地深呼吸兩次。選擇專注在呼吸上，可以將大腦從生存模式切換到學習模式。就像沉浸在溫暖的淋浴中有助於釐清思緒，不論是在什麼狀況下，總會有方法能幫助你啟動流程，清除警鈴思維。唯有意識到警鈴正在運作，並且主動選擇從混亂中抽身，將意識轉換到專注思考的平靜狀態，才有可能控制自我。

真正專注的大腦

不論是宗教界、體育界或商界，各個領域的頂尖大師及佼佼者都知道如何跳脫現狀。身處高速運轉的世界，他們深知該如何讓自己遠離忙亂的狀態。跳脫現狀這項技能和人類文明一樣古老。歷史學家認為，人們之所以會開始冥想，是因為古老的原住民在火堆前度過一夜又一夜，單純地盯著搖曳的火焰有助於清空思緒，讓身體進入超脫眼前環境的狀態。

跳脫現狀的必要性是世界各地宗教傳統都會傳授的偉大真理，不論是佛陀或耶穌都曾運用過這項技能。佛陀的方式是靜坐和清空思緒，耶穌則是在講道及為他人治療後前往寧靜的地方。古猶太教的苦行僧會進入沙漠，遠離群眾的喧囂；伊斯蘭教的禮拜方法是每日祈禱五次，並且將禮拜毯鋪好面向聖地麥加（Mecca）方向。祈禱是將思緒「重新定位」到重要目標的一個方法，經由鋪毯子刻意創造出祈禱空間更是「跳脫現狀」的極佳範例。

運動界也有很多傑出的範例，例如麥可・喬丹（Michael Jordan）的賽前例行準備就是經典例子。喬丹可說是有史以來最偉大的籃球員，他曾在某次贊助活動的訪談中提到，自己在重要比賽前如何做好心理準備。

> 我會試著讓自己放鬆……像是聽音樂，或是和隊友開開玩笑，把自己所有的注意力轉移到比賽以外的事物上。等到需要專注比賽的時機來臨，我會把注意力集中在自己的運動能力及團隊合作，和隊友一起在場上好好表現，一起做好我們該做的事，每一天都是這樣。我給自己的挑戰，是在籃球賽場上的每一刻都要成為最優秀的球員。

喬丹將自己「所有的注意力」轉移到比賽之外，就是在進行跳脫現狀的步驟。當我們即將在世界冠軍賽登場，大腦警鈴自然會響個不停，不過我們可以在注意到警鈴訊號後轉移自己的焦點。

在商界有更多種跳脫現狀的方法，例如比爾・蓋茲（Bill Gates）會安排「思考週」。他還在微軟上班時，每年會休假兩次，每次為期一週，在這段期間他會閱讀微軟員工提供的報告。閱讀報告有助他重新定位當前最重要的目標，休假則是他跳脫現狀的方式。經營全球規模的軟體公司，意味著身處變化迅速又複雜的環境，而他選擇放慢步調就是微軟能夠成功的其中一項關鍵。

父母可能沒辦法離開孩子身邊超過一週，小型企業主可能無法放手讓員工暫代職位，因此沒有長時間跳脫現狀的餘裕，但每一個人都應該也可以找到屬於自己的方法，刻意暫停一下。唯有暫時停下來，才有機會進入專注狀態。如果想要好好愛護孩子，或是在工作和生活中重拾最佳表現，我們必須先了解大腦警鈴在對我們說什麼。

「我討厭冥想」

其實放慢步調不需要費時數天，也不需要像醫師、僧侶和瑜伽大師建議的那樣，花二十分鐘進行傳統冥想。之所以建議冥想二十分鐘，是因為一般人理清思緒就是需要這麼長的時間，但是對許多人來說，這個方法根本沒用。

舉例來說，當你在早晨靜坐，心中懷著簡單的願望：我只想感受一些平靜的時刻。你當然知道冥想對自己有好處，就像創傷和長期壓力會改變大腦，導致警鈴過度活躍，研究顯示冥想實際上有助於提升大腦的主要決策區塊，也可以讓人更專注或更有同理心。不過說實話，你就是不喜歡冥想，你就是不喜歡靜坐。

無法冥想的人會遇到的第一個問題在於，腦中的千頭萬緒就是停不下來。冥想的核心概念是專注於呼吸、信念或畫面，然而對某些人來說，每次冥想好像都不怎麼成功，因為大腦根本無法放慢下來，最後不僅感覺沒有變好，努力嘗試冥想反而讓警鈴更加活躍。大腦一點也不寧靜，各種嘈雜又相互矛盾的警鈴思維在咆嘯著尋求關注。

並非人人都適合冥想，不過我們總是得找個方法達到和冥想相同的效果——跳脫現狀並清空大腦之後的清醒狀態。你嘗試過每一種可能的冥想形式，似乎沒有一種有用，但這並不代表你失敗了，也不代表冥想沒用，而是你還沒找到適合自己的方法。就算找到對的方法了，你還是得努力練習，不過至少這麼做確實能讓你的大腦放慢步調（我們會在下一節提供建議清單）。

第二個問題在於，就算我們真的透過冥想讓大腦放鬆了一點，我們有幾秒鐘的時間可以真正感受當下，完全專注於陽光的暖意或是簡短的禱詞，然後，各種情緒又開始湧入——這裡指的可不是令人感覺到平靜幸福的情緒。我們開始想起自己一直想做卻沒做的事，想起過去的創傷和痛苦的經驗，或是逼近眼前的限期，該做卻忘記做的大小事……這些警鈴思維就潛藏在意識之下，等待適當的時機引起我們的注意，試探我們，或者更糟糕，讓我們感到無比焦慮或痛苦。

嘗試過冥想卻不怎麼成功，或是在過程中感受到強烈痛苦，這些人都不會想再次嘗試冥想。所以請容我們澄清：SOS的第一步驟並不是冥想。雖然兩者的初步目標相同，也就是釐清思緒，但我們只希望你可以保持清晰的思緒幾秒鐘就好，最多就是幾秒鐘。學習這個步驟最好的方式，就是在你真正面臨高壓情況之前，花點時間練習專注於當下環境。

之後，當你忍不住對家人發怒，你的大腦就會想起還有另一個選擇；當你在重要報告前感到緊張，你會知道這其實對你有益。每一次感受到壓力時，你都可以當作是警鈴要你為關鍵時刻做好準備，而這樣的高度自覺源自於學會跳脫現狀。

冥想、瑜伽和休假都有其效果，不過我們也了解，你的忙碌生活可能讓你沒有機會進行這些活動。我們深知身處現代社會的壓力，你需要一套策略來讓自己做足準備，面對即將失控或已經失控的每一個警鈴時刻。SOS的第一步驟是開啟理想世界的大門，當你可以像佛陀一樣靜坐，或是像麥可・喬丹一樣在賽前輕鬆玩笑，代表你已經成功踏出這一步。只要一個深呼吸，你就能踏出這一步；只要一個簡單的想法，你就能跳脫現狀。

跳脫現狀的六個方法

我們曾建議你透過聆聽和呼吸來跳脫現狀，不過請你務必明白，跳脫現狀沒有所謂完美的方法。雖然理想狀況可以照著食譜操作，但開啟警鈴和學習腦之間的通道並不是在烤餅乾，不同的情境下可能會需要不同的意念。唯一可以確定的是，我們只需要「一個」意念。跳脫現狀並不是要你完成一連串的動作，而是做到一件特定的事，關鍵就在於找到適合自己的方法。根據我們的客戶分享的經驗，以下是有助於成功跳脫現狀的方式：

放慢步調：一如字面上的意思，試著放慢行動的速度。如果你正在走路，試著放慢行走速度；如果你正在說話，試著拉長每個字之間的間隔；如果你正在玩遊戲，試著在每一個紀錄點、攻擊或過場之間暫停。讀完這本書之後，SOS會成為你生活中再自然不過的一部分，而放慢步調這個簡單的動作會開始緩和你的警鈴，就像感冒時喝下第一口雞湯，立刻就會覺得舒服了一點。

口號：你選擇的口號可以是「跳脫現狀」，也可以是任何聲音或短語，例如「慢下來」或「暫停」。關鍵是當你感覺到警鈴要發動了，當你發現警鈴已經掌控整個大腦的訊號，即使只是一個簡單的詞都能提醒你，你依舊可以控制自我。

深呼吸：我們必須再強調一遍，沒有什麼比刻意深呼吸兩次更能令人清醒。讓更多氧氣進入血液有助於緩和壓力反應，而記得要深呼吸這個動作本身則可以啟動學習腦。傑出的冥想導師都會建議把注意力放在自己的呼吸上，因為當你帶著意念吸吐，精神就會漸漸變得專注。而當你開始專注，就能讓大腦警鈴知道你可以控制自我。

觀察：看天上的雲，觀察鳥兒築巢，關注孩子學習新事物的方法，這類簡單的觀察行為可以幫助我們專注在當下，讓我們有機會感受身邊的美好事物。若是處於警覺狀態，我們有可能會忽略眼前的美好。透過觀察，我們得以跳脫現狀，享受環境，享受當下。

計數：美國第三任總統湯馬斯・傑弗遜（Thomas Jefferson）曾說：「生氣的時候，先數到十。非常憤怒的時候，就數到一百。」數著數字並注意數字之間的停頓，有助於開啟學習腦的溝通管道，因為你是有意識地選擇數數。上述這些方法之所以有效，正是因為你主動選擇從事這項行為，放棄繞著讓你感覺失控的警鈴思維打轉。

清空思緒：想像有一面黑板，上頭寫了各種糟糕的想法：「你不夠好」、「你做不到」、「你有什麼毛病」。接著想像自己把這些想法擦掉，於是黑板變得一片空白。

想像電影中的一幕漸漸淡出，螢幕變得全黑，或是擋風板上的雨刷刷去雨水。只要你選擇這麼做，你也可以清空自己的大腦。當你真的做到了，就表示你已經準備好轉移焦點，開始體驗SOS的第二個步驟。

第六章　重新定位：重拾內在羅盤

重新定位指的是專注於當下最重要的目標，這麼做有助於緩和警鈴，並強化額葉的思考能力。回想一下，在工作時遇到令你忍不住要爆炸的狀況，你的身體因強烈的情緒而抖動，然後你突然想到「我需要這份工作」，或者「我想要做好主管的工作」。你慢慢變得平靜下來，這就是思考中樞開始專注重要目標之後產生的效果。現在我們要幫助你學會如何從壓力反應，也就是情緒潰堤的麻痺狀態切換到專注狀態。**我們將會帶領你發掘自己的內在羅盤。**

長期壓力：迷失在情緒的洪流

若你長期承受過多壓力，等於一直活在生存模式，像一部自動運轉的機器。你無法控制自己的大腦，也無法控制自己的感受、思緒或行為，因為大腦警鈴掌握了一切。你的身體可能會從冷靜而放鬆的狀態，一瞬間被情緒淹沒，憤怒、恐懼和擔憂像爆發的火山岩漿一樣在你的血管裡流竄——而你接下來的行動通常都會傷害到自己和身邊的人。壓力反應並不是溫和的提醒，反而比較像是一陣陣生理和情緒痛苦的大浪將你沖倒淹沒。

當你覺得生活徹底失控的某些時刻，可能會出現情緒潰堤，甚至持續一整天、一整個星期。情緒潰堤不代表完全失去理智或無法控制，所有人遲早都會遇上這樣的情況。雖然只是暫時的，這代表當下你已經被一波警鈴訊號淹沒。你需要重新釐清自己的定位，前提是你要把注意力集中在單一的想法上。

近乎全裸

當瓊恩聽到門鎖上的喀噠聲，她開始恐慌。她剛剛從前門走到露台，把要寄給姪子的生日賀卡放進郵箱。她不想隔天一早匆忙出門工作而忘記寄卡片，她也確實記得要在睡前要完成這件事。但現在的問題是，在這個涼爽的秋夜，她穿著T恤和內衣褲站在外頭，身後的門卻鎖上了。

瓊恩沒有備用鑰匙，她寄放備用鑰匙的鄰居也不在家。為了讓房子保持溫暖，所有的窗戶都緊緊關上了。這一刻，她切切實實地感覺到警鈴啟動，她的身體開始冒汗，儘管她幾乎沒穿什麼衣服而且覺得有點冷。瓊恩的思緒開始瘋狂打轉：她不可能穿著內衣褲走到街上尋求協助，她該怎麼辦？

當瓊恩向我們訴說這段故事，接下來的描述完全符合SOS，代表她的學習腦傳送訊號告訴警鈴一切都在控制中——她說她聽到祖母的聲音。這句話乍聽簡直是瘋言瘋語。瓊恩被鎖在家門外，結果聽到了祖母的鬼魂在說話。事實上，她聽到的不是鬼魂的聲音，是她的學習腦取出能讓她信任的聲音檔案。

瓊恩曾經上過SOS課程，所以很清楚面對壓力時必須採取什麼行動，她也練習過很多次。祖母的聲音對她說：「跳脫現狀。」起初她沒有聽進去，滿腦子都在想著明天該做的事，想著自己孤身一人在黑暗中又沒穿衣服，還想著自己死前至少要去一趟夏威夷。這就是警鈴的運作方式：綁架大腦，然後一個微小的失誤突然間變成各種想法和情緒朝你襲來。你曾經想像過的每一種恐懼、懷疑和擔憂都隨之浮現。

瓊恩再一次聽到祖母的聲音說：「停下來想一想。」這一次她聽進去了，她閉上雙眼並深呼吸幾次，把注意力放在吸氣和吐氣的聲音。接著她重新定位，想著她人生中最重要的事：祖母的愛和智慧。

恐懼和尷尬的重量逐漸從瓊恩的肩頭上消失。她並沒有完全放鬆下來，畢竟她還是穿著內衣褲站在家門外。不過她感到冷靜而自信，因為祖母的愛讓她在無助的時刻擁有安全感，於是原本的焦慮和羞愧轉化成了決心和幽默感。

瓊恩看了看鎖住的門，接著向左看了鄰居的房子，又向右看了自家前院的樹木。這時她突然想起：毛巾。重新定位讓她的學習腦開始回想，那一天從海灘回家之後，她把毛巾放在後陽台曬乾，還沒有拿進屋內。最後瓊恩套上這輩子她穿過最時髦的毛巾裙去求助。

重新定位

當動物和人類感應到預期之外或不熟悉的狀況，爬蟲類腦和情緒腦很容易觸發自動反應。人體的感官和知覺器官會把焦點重新導向（或是重新定位）來源或導火線，而這樣的自動重新定位似乎是為了生存而存在的機制，因為我們不了解或不熟悉的事物可能會帶來危險。可想而知，這種反射性的重新定位並不會用到大腦的思考中樞，也許它可以提供極度有助於保護自我安全的新資訊，卻無法促成新的學習機會。

在這裡，我們要協助你學會啟動類似但更強大的重新定位。在極端壓力反應下中斷運作的大腦區塊——思考中樞——可以經由重新定位再次啟動，而定位的目標就是任何人都能運用的最大能量來源：帶給你希望並且賦予人生價值的想法。

重新確認定位，就是用宏觀的角度鎖定你人生中真正重要的目標。你必須先做到這一點，才能找到方法脫離失控壓力反應造成的混亂狀態。理論你都懂，但是當你身陷長期或強烈的壓力反應之中，很容易就會忘記什麼才是真正重要的。眼前的壓力和危機會抓住你所有的注意力。我們每天都有無數次機會可以修正方向——我們都明白這個道理，而現在就是應該付諸行動的時候。

每當你跳脫眼前的壓力或生活中的愉快時光，這不僅是重新整理和重新開始的機會，也是重新定位的時刻。重新定位之後，無論處在什麼樣的環境，你都可以重新掌控自我。因為重新定位有助於啟動思考中樞，並且賦予思考中樞和警鈴一樣的地位，最後更可以重設大腦警鈴。

思考的方式有很多種：你可以發揮想像力，在腦中看見尚未發生的事；你可以構思字詞或短語；你可以從記憶中找出各種檔案，像是回放影片一樣；你可以感受任何情緒；你可以反思自己的人生價值，可以規畫夢想中的目標。以上各種形式的思考都能幫助你重新定位，但關鍵在於把注意力完全集中於「單一」的強烈想法——也就是此時此刻你人生中最重要的目標。

繼續開就對了

隨時專注於單一想法，傳送訊息告訴警鈴沒有必要擔心，這一點是確實做得到的，就算你剛才在路上被超車了也一樣。如我們在第二章所解釋，一旦有人超車，我們的警鈴就會被觸發，反應有可能是急轉彎或大力踩下煞車。警鈴引發了這些無意識的動作，即便我們渾然不覺。最佳狀態運作的學習腦會善用警鈴訊號來確保安全，冷靜地把我們的注意力轉移回路況，但現實並非總是如此理想。

問題在於下一個瞬間。

當身體充滿腎上腺素，我們會變得憤怒，有時會揮舞拳頭大吼大叫，而全世界最容易理解的手勢，應該就是大部分的駕駛被超車後會伸出的那隻手指。然而這種義憤填膺的態度沒有任何幫助，無法讓我們成為更好的駕駛，也無法讓道路更安全。超車的駕駛可能在講電話，也可能是因為後座的小孩而分心，又或者是犯下了沒有檢查視線死角的簡單錯誤。

要解決這個問題只有一個答案：繼續開就對了。

如果我們真的想讓世界更好，請想像一下，如果每一個在車陣中被超車的駕駛都能跳脫現狀並重新定位，然後繼續享受開車的樂趣。這種做法並不是要讓你在路上顯得懦弱，重點在於你的心理、情緒和生理健康，在於讓你能夠明辨什麼事件才值得引起警鈴反應，而什麼事件該以SOS應對。

「繼續開就對了」指的是手握方向盤並享受控制兩噸重汽車的感覺：聽著道路上的聲音和引擎的轟隆聲，打開車窗並感受風吹在臉上，專注於你要前往的重要目的地。將你的感官重新定位到「繼續開就對了」的狀態，不必去管那些可能正在警鈴大作的不知名駕駛，你就可以感到平靜並且享受當下，你車上的乘客和其他用路人也會看到你臉上洋溢著平和喜悅。

重新定位的阻礙

我們大腦花在思考的時間多到難以估計，不是對過去難以忘懷，就是對未來擔心不已。我們看不清自己真正在乎的事，彷彿在恍惚之中隨波逐流過著生活，或是一味向前衝卻沒沒想過自己的目標是什麼。我們甚至沒有意識到自己處於這種狀態……直到情緒崩潰。

接著，當我們即將衝下自作自受的懸崖，或是發現自己被困在已經無法回頭的路上，通常會迎來如悲劇般痛苦的醒悟時刻，就像從惡夢中驚醒，我們終於可以看清一切。然而每一天都充滿機會。即使看似無可避免的災難，我們還是有可能在災難發生之前扭轉一切，並且專注於最重要的目標之上。

這就是重新定位的效果：運用意識和覺察，把注意力拉回生活中最重要的事物。那麼，為什麼我們無法隨時把自己重新定位到生活中最重要的目標？為什麼我們需要透過研究和書籍來學習如何更有效地運用自己的大腦？

缺乏意識是重新定位的一大阻礙。我們並沒有意識到，當我們忙著用大腦釐清感官接收到的訊號，其實是在運用這些資訊滿足警鈴的需求，而忽略了思考中樞。我們隨時都在運用大腦思考，但只偷懶地用到大腦功能的一小部分，沒有刻意啟動思考中樞。這麼做會導致我們無法取得思考中樞提供的寶貴資訊，讓警鈴可以任意操控我們的思緒和生活。這就像是讓家中最不成熟的人來負責一切，雖然生活充滿新鮮刺激，但也會帶來許多危機，因為沒有全面考量真正重要的事。

習慣是重新定位的第二大阻礙。我們以為省思人生目標或深思核心價值是浪費時間的瑣事，或者我們就只是太過忙碌，於是養成了只注意眼前問題的習慣，忽略自己真正想要和需要的事物。雖然平常這種狀態並不礙事，因為警鈴和獎勵中樞的需求可以被滿足，但是思考中樞卻會淪為盲目遵從警鈴要求的配角。

費力是重新定位的第三大阻礙。科學家透過功能性磁振造影（fMRI）這類工具直接觀察大腦，他們發現比起讓大腦進入自動駕駛模式，讓大腦專注於複雜的想法（如人生的價值與目標）需要耗費更多化學訊號和電子訊號——簡單來說，就是更費力。當你認真思考某件事的意義，耗費的腦力遠多於只是想著事情本身，甚至遠多於想著如何得到（如果這件事是獎勵）或如何避免（如果這件事是問題）。

重新定位的第四個阻礙——**速度**——和費力有關。單純做出反應比認真思考快多了。事實上，腦科學家已經辨識出壓力會啟動大腦內部兩種不同的路徑。第一種路徑叫做「短」迴路或「快速」迴路，這種循環基本上只會用到一小部分的大腦實體區塊，以及少量大腦細胞（神經元）傳遞訊號。從負責分析感官資訊的大腦區塊（靠近杏仁核的位置）直接向杏仁核提供資訊，接著再由杏仁核向爬蟲類腦發布警鈴指示，加速或緩和生理功能，例如心跳率或呼吸。最後，這些生理反應會傳送反饋訊號，結束這一整段迴路。

啟動長迴路

科學家約瑟夫・勒杜（Joseph LeDoux）稱另一種路徑為「長」迴路或「緩慢」迴路，因為這種循環涵蓋更多大腦區塊，花費的時間也更長。兩種路徑最主要的差異在於，長迴路不僅涵蓋了短迴路所使用的大腦區塊，還會用到大腦的思考中樞。長迴路之所以比較費時，是因為思考中樞位距離警鈴與爬蟲類腦較遠，而且必須用到大量的神經元才能把思考中樞的複雜訊息傳送到這些區塊。想當然，認真思考比單純反應更費時也更費力。

既然有這麼多障礙和潛在的缺點，為什麼我們還需要深度思考，有必要嗎？長期來看，有意識的選擇結果通常比無意識的反應更理想，不過這一點並不足以讓大部分的人放棄簡便和效率，付出更多努力去思考。除了強調明智抉擇比衝動決定更有價值，我們還需要更強力的理由來說服自己，相信頻繁運用思考中樞所花費的精力和時間有其必要性。

令人意外的是，真正理解大腦的合作模式之後，你會發現對思考中樞伸出援手的正是大腦警鈴。也許你以為只有急迫的生存問題和獎勵才會觸發大腦警鈴，但實際上，只要警鈴的需求沒有被滿足，它就會像上癮一樣不斷被這些刺激的源頭吸引。對警鈴來說，最有效的獎勵和慰藉不是壓力反應；這只是警鈴真正的需求無法被滿足時勉強接受的替代品。

大腦警鈴真正的需求是思考中樞的關注。我們都知道大腦警鈴就像幼兒，當它瘋狂作響，讓我們情緒緊繃或身體僵硬時，需要有人關心才能緩和下來。就像父母對待幼兒一樣，思考中樞必須發揮創意、保持耐心並堅持不懈，才能讓暴躁的警鈴冷靜（例如當你因為焦慮或憤怒而不知如何是好），或是喚醒中止運作的警鈴（例如當你實在太過喪氣或疲勞，以至於再也不想花費心力，滿心只想放棄）。

這聽起來好像會導致大腦的工作量大增，尤其是思考中樞，不過收穫也可能相當豐碩。如同鬧脾氣的幼兒終於冷靜下來，父母心中的滿足感油然而生，這是一種如釋重負的感覺。當大腦警鈴成功重設，隨之而來喜悅感堪稱是最令人愉悅的體驗之一，可不是那種稍縱即逝、讓人立刻又陷入沮喪的短暫愉悅。

經過重設的警鈴要經過一段時間，而且通常要伴隨著龐大的壓力，才會再次回到生存模式。因為處在最佳狀態的大腦才是警鈴最自然的模式，也就是和思考中樞順利合作，而非指揮或企圖取代思考中樞。大腦警鈴的原始需求是接受思考中樞的引導，這也是促使我們努力啟動學習腦的最大動機，而回報是可以擁有快樂且願意合作的警鈴。這才是所謂良好的壓力管理。

重新定位後的生活

美國作家亨利・大衛・梭羅（Henry David Thoreau）在一九四五年七月四日搬進麻薩諸塞州華登湖附近的單房小屋。過去幾年是他的低潮期，雖然做過家教、編輯助理，以及知名作家愛默生（Ralph Waldo Emerson）的住家修理工人，但梭羅真正想做的事是寫作。當時他二十多歲，焦躁不安，想要搬離他認為「過度文明」的環境。

他受到愛默生的鼓勵，在這位同輩詩人擁有的土地上蓋了一間房子，從此開始實踐SOS。他在《湖濱散記》（*Walden*）中表明自己的目標，是寫一本關於兩年簡樸生活實驗的書。

我走入森林，因為我想要慎重過日子，只面對生活的基本要素，看看我是否能夠學會生活的教誨，而不是在我行將離世的時候，才發現自己沒有活過。我不想過著不是生活的生活，因為生活是如此可貴；我也不想就此遁世歸隱，除非是迫不得已。我想要活得深刻，吸吮生活的精髓；我想要向斯巴達人一樣活得強健，根絕所有不是生活的一切；我想要劃出一大畦田地，耕耘到最後一分；我想要將生活逼至角落，減至最簡單的元素；就算最後證明生活很艱辛卑賤，何不接受全部且真實的艱辛與卑賤，然後公諸於世呢？如果發現生活世崇高莊嚴，也要透過親身體驗去了解，並且在我下一次的旅程裡忠實地記錄下來。[1]

梭羅的做法可以說是有意識且持續重新定位的最具代表性例子。他的警鈴告訴他，人生還有其他值得追尋的事物，還有不同的方式可以學習。

梭羅真正做到了跳脫現狀，搬進森林深處的住所，每天都專注在對他最重要的目

1 譯文引自《湖濱散記：關於簡樸、獨立、自由與靈性，梭羅獻給我們這個世代的心靈筆記》，劉泗翰譯，果力文化出版（2020.10）

標上。他追求「慎重過日子」，因此決定自己生產糧食，花費時間耕種豆子。

梭羅每一天都特別留心周遭的自然環境，他看見和聽見自己一直以來忽略的事物，並在華登湖畔發現了探索生活的各種方式。梭羅並沒有遠離塵世。當他聽到現代文明的聲音，例如來自康科德車站的火車汽笛聲就會感到憤怒，因為他只想要聽到樹蛙和鳥類的叫聲。不過這時他會注意到自己的警鈴，並且重新把注意力放在環境。因為對梭羅來說，沒有什麼比觀察、聆聽和徹底感受自然世界更重要的了。

梭羅隱居在森林中是為了寫作，不過更精確地說，他是去尋找對自己重要到足以成為寫作主題的目標。梭羅後來花了十年不斷修改《湖濱散記》，他先記下了最早的兩年兩個月又兩天的森林生活體驗，記錄了他跳脫日常現狀後所觀察到的一切。他的學習腦又持續活躍了八年，這段時間長到足以造就一本以簡樸和洞見為核心的傑作。

定居在華登湖的這段期間，是梭羅寫作生涯中最有生產力的時期。想像一下，只需要專心成就對你來說最重要的作品，這對創作者來說是多麼愉悅的一件事。梭羅沉浸在自己的作品和周遭的美好之中，成功地跳脫現狀並重新定位。他在往後的人生中致力於廢除奴隸制度和保護自然環境，也是透過專注於重要的目標而獲得力量。

離開雲霄飛車

重新定位是選擇關注自己真正重視的目標，不再活得漫無目的。現代人的生活有如高速雲霄飛車，科技、虛擬實境和社群網路，這些都沒有問題；生活讓我們搭上了會不停觸發大腦警鈴的列車，這也沒有錯——錯的是大多數人從來沒有意識到大腦警鈴已經接管自己的生活。

做出跳脫現狀的決定並且讓自己關注當下，接著必須採取實際行動才能進入專注狀態，讓自己的感覺好轉。以下方法可以幫助你啟動重新定位的步驟（我們會在第三部介紹更明確的方式）。花幾分鐘的時間，擬出一份你人生中重要事物的清單，可以參考下列幾點：

- 家人、朋友、偶像和心靈導師等對象（動物也可以）
- 你造訪過而且熱愛的地點
- 你夢想前往的地點

- 你熱愛而且期待的活動
- 對人生中美好事物的看法
- 你最珍惜的時刻
- 你的世界觀和價值觀
- 各種目標（包括個人成就和對世界的貢獻）

現在從這份清單圈出四到五個你最重視的項目，讓你感覺生活充實有意義，而且希望能一直這樣持續下去。

如果你目前正承受龐大壓力，或是正從先前的壓力經驗逐漸復原，你可能會覺得很難圈選目標。請注意，這表示現在你的警鈴握有掌控權。如果大腦警鈴告訴你什麼事都不重要，或者重要的事都不長久或不可靠，這表示你的思考中樞需要協助才能再次啟動。

你可以單純待在你信任或關心你的人身邊，也可以向心理治療師或精神領袖尋求協助，來獲得啟動的助力。當有人付出耐心並伸出援手，將自己的學習腦借給你，你就有機會跳脫危機和壓力。這樣的改變就足以啟動重新定位的過程，讓你專注於重要的事物上。

相對地，如果有人事物能帶給你莫大的滿足感和意義，你會發現專注不僅很容易，甚至還是一種享受。處於上述狀態的你也許會覺得自己已經大功告成——列出清單就是解決方式，但這只是起步而已。真正的解決方式是專注於這些意義的來源。

下一個步驟是針對你清單中的重要對象、地點、活動、目標和價值採取行動。每天當你需要跳脫忙碌的現狀，記得撥出時間把注意力暫時集中在清單上的其中一個項目。每次當你專注於自己選擇的單一想法，就是在大腦裡創造出一個安全的空間，不受任何干擾，也等於是告訴警鈴你把情況控制得很好。這個空間就像是空蕩蕩的銀行金庫，你開始用自己珍惜的事物將它填滿，讓記憶中樞牢牢記住。

每當你進行這個步驟，就是在教育大腦如何重新定位。剛開始學習任何一種新技能都會遇上困難，不過學會重新定位的人通常會有以下感想：

「我讓自己完全專注在伴侶身上，暴衝的思緒就慢下來了。」

「只要我持續專注在單一想法上，擔心和挫折就沒那麼困擾我了，而且這些情緒真的會漸漸消失。」

「我發現警鈴反應隱藏了我真正的感受。當我重新定位，專注於自己最重視的對象之後，確實再次感受到希望和愛。」

學會重新定位不代表你的身體和大腦可以立即從壓力中復原，至少在初期是如此。不過只要認真練習，重新定位可以將你的生活擴展到新的層次。你不需要增加兩倍或三倍的收入，或是改變生活中的任何人，你就能做得到。重新定位可以強化思考中樞的功能，幫助你清晰思考；就算你現在的生活沒有壓力，單是上述這一點也值得你付出努力。

重新定位也可以督促思考中樞做好準備，在面對壓力或情緒崩潰時，和警鈴合作並發揮引導的功能。跳脫現狀並且重新定位，這兩個步驟讓我們在警鈴作響前能暫停片刻，避免我們被壓力反應佔領，雖然短暫卻很有價值。這證明即使我們身陷極大的痛苦或焦慮之中，仍然能選擇運用不可思議的大腦資源。當你能夠熟練運用SOS的前兩個步驟，表示你已經知道該如何面對人生中最艱困的時刻。隨著日子一天天過去，你因為壓力而崩潰的次數會越來越少。事實上，當你發掘了自己的內在羅盤後，每天都會覺得越來越沒有壓力。

重新定位和跳脫現狀一樣，沒有什麼以一擋百的完美方法可適用於任何一種情境，或者能徹底緩和並重設大腦警鈴。越是頻繁練習，大腦的神經路徑就會越活躍，幫助你記得自己曾經面對過這些壓力，而且也有能力處理壓力。每當你提醒大腦警鈴自己能夠控制情況，警鈴就會減緩腎上腺素的釋放，提升學習腦的自我控制能力。不過有時候我們還是會遇到某些情況，一開始選擇專注的目標無法讓我們冷靜下來，或是無助於提升自我控制的程度，這就是為什麼我們需要自我檢查。

第七章 自我檢查：解讀身體儀表板

自我檢查是要檢查大腦警鈴和思考中樞的運作狀態，讓我們能存取正確的記憶檔案，也就是那些有助於保障自身安全和專注目標的記憶。人類的根本天性其實和動物很類似：受到驚嚇的狗不是退縮就是狂吠，壓力過大的馬會開始冒汗或弓背跳躍，憤怒的獅子會咆嘯。和這些動物一樣，當我們感受到壓力就會有所反應。

人類承受壓力時也會經歷生理和情緒的變化：顫抖、冒汗、心跳加速，感受到驚嚇、憤怒、失落。然而多數時候我們根本沒有注意到這些壓力反應，只有真的忍無可忍的時候才會發現。如果我們不懂得關注自己的生理或心理感受，等於損失了大量寶貴的資訊。也許你尚未發現，**人類大腦其實可以像讀取儀表板一般地解讀身體**。

擺脫內心的鴕鳥

和壓力有關的感受通常都不討喜，不過就和鴕鳥把頭埋進沙子的道理一樣，你對自身感受的無知與忽略可能會造成傷害。壓力的生理和情緒反應源自大腦警鈴的訊號，提醒你必須注意實際或潛在的危險。要是你忽略這些感受，很可能會對危險視而不見——直到為時已晚。

有鑑於SOS的說明即將進入尾聲，我們必須再次強調：壓力反應並不會自動消失，就算我們刻意忽略也一樣，這就和鴕鳥把頭埋起來、掠食者就會自動離開的機率一樣低。壓力反應之所以演變成現代社會的大問題，不是因為有掠食者在一旁虎視眈眈等著攻擊我們，而是大腦警鈴不停地發出訊號。要是我們忽視這些訊號，壓力反應的嚴重程度會升得更高。

話雖如此，關注壓力引發的感受並不代表緊抓這些感受不放，然後讓自己顯得悲慘不已。事實上，這種自我沉溺的行為，正是刻意忽略這些感受後會發生的情況。當警鈴遭到忽視，它就會採取更激烈的手段。動物感受到壓力時會直接反應，而做為人類，我們有能力選擇如何運用身體提供的資訊。當你承受壓力並感受到焦慮、憤怒或憂鬱時，你可以發洩情緒或蜷縮在角落，或者你可以辨識這些情緒，執行SOS，根據當下你想要達成的目標採用最恰當的應對方式。

與其當一隻鴕鳥，不如釐清身體和情緒的感受，近一步啟動大腦的思考中樞。這個舉動會促使思考中樞告知大腦警鈴：你已經開始認真採取行動。啟動思考中樞可以提供警鈴必要的協助，發揮它應有的功能，同時避免警鈴佔據發號施令的位置。讓思考中樞關注特定感受，等於給警鈴多了合作夥伴，有助於警鈴偵測問題並提出最佳解法，而不是一味仰賴生存反應。除非遇上罕見的極端危險情況，不然生存反應通常都幫不上太大的忙。

我們在需要讓大腦專注並處理壓力經驗時，可以選擇跳脫現狀和重新定位，同樣地，我們也可以主動選擇為自己的情緒把脈。

探索大腦的儀表板

你的身體和情緒就像大腦可以任意讀取的虛擬儀表板；這個概念源自汽車和飛機，讓駕駛需要確保這些交通工具繁複的系統運作正常。後來為了讓操作者能更輕鬆切換並讀取各種讀數，儀表板的視覺體驗大幅簡化。現在就連企業都開始運用儀表板追蹤各種內部資料，不論是生產、財務或績效相關的資訊，加上平板電腦和智慧型手機等新科技，監管和存取大量資訊都變得簡單無比。

很可惜，人類的身體和大腦並沒有自動化或高解析度的儀表板（至少目前還沒有）。不過如果你想知道如何操作，還是有虛擬儀表板可用，而且和真正的儀表板一樣好用。請再次回想人類大腦的層次：爬蟲類腦負責追蹤我們的基本需求，例如食物、空氣和睡眠；情緒腦主要追蹤關鍵的即時情況，例如我們什麼時候需要提高警覺，以及我們體驗到多少愉悅感；思考中樞則會隨時注意來自低層次腦的訊號。而學習腦從身體和情緒取得的反饋資訊，就是你的虛擬儀表板。

壓力反應其實是眾多情緒的集合，這些感受主要是由大腦警鈴負責組織。透過爬蟲類腦和神經系統，我們把這些特定感受命名為恐懼、擔憂、焦慮和憤怒等等。只要我們夠專注，思考中樞幾乎隨時都可以取得身體壓力反應和壓力管理系統的讀數，這兩者就像是汽車的加速和煞車系統。

心跳次數、呼吸頻率和肌肉緊繃的程度有如里程表的讀數，顯示出我們的壓力有多大。每一種情緒都可以透露出關於生活狀況的重要資訊。儘管我們常常把情緒視為雜訊，讓人無法集中注意力，妨礙決策和行動的效率，但這些都與事實背道而馳。

研究一再證實，當人可以辨識並客觀描述這些壓力情緒時，光是這樣做就可以降低壓力的強度和隨之而來的焦慮感。指認出壓力情緒，並且描述這些情緒有多麼強烈或令人不適（例如我們建議你使用一到十來表達強度），實際上並沒有辦法讓壓力情緒消失，但確實有助於提升我們的信心，讓我們確信自己已經開始面對問題，也有能力解決問題。

為什麼這麼簡單的動作就足以改變你的感受？其中一個原因是當我們檢查虛擬儀表板的讀數時會用到大腦的思考中樞，而主動執行這項動作等於要求大腦專注學習有助於改善情況的資訊，而不是僅關注在警鈴指揮之下產生的壓力反應。警鈴不在乎你感受到什麼樣的壓力或多少壓力，警鈴只會要求你清醒並採取行動活下去。當你檢查情緒儀表板來確認自己的壓力指數，就是在告訴大腦警鈴你已經處於警覺狀態，也已經採取行動。正是這樣的訊息能有效緩和警鈴。自我檢查這個簡單的動作其實是一種學習行為，而且對於大腦而言可以說是最有意義的學習，因為你正在了解自己，了解對自己來說最重要的東西。

壓力指標

現在讓我們來實際執行SOS的第三步驟：自我檢查，也就是我們在第一章開頭進行的練習。你隨時都可以檢查自己的壓力指數以及壓力引發的情緒，就像把兩隻手指放在頸部感受脈搏，你也可以檢查自己的自我控制程度。我們先從壓力相關的情緒開始檢查，接著我們會在本章後段集中討論自我控制。

我們在這裡提到的壓力，並不是你在職場、學校和家庭中面臨的各種挑戰和挫折，而是某個因素觸發大腦警鈴釋放壓力荷爾蒙時的那種感受。

我們希望你能按部就班並且刻意練習，這樣一來你不僅能了解壓力如何影響大腦，也能感受到壓力使身體和情緒產生的變化。

請用一到十來評估自己目前的壓力指數，「一」代表這是你體驗過最沒有壓力的時刻，「十」則表示壓力最大的狀態。請記得，壓力沒有好壞之分，壓力只是警鈴為了提醒你要注意某件事，進而傳送化學物質到身體各處所產生的反應。

之所以請你從指數一而非零開始評估，是因為大腦警鈴從來都不會「關閉」。如果警鈴呈現零的狀態，表示你已經壽終正寢了。過於消沉的警鈴其實是不理想的狀態，這意味著警鈴無法即時反應來保障你的安全。例如當你坐在室外看書，天空突然變得很黑，雲朵看起來不太妙，你肯定會希望自己能即時注意到。我們希望你現在的警鈴只有傳送低強度的訊號，畢竟你正在享受這本書，記憶中樞也很努力地在運作著，一邊建立有關這段內容的實用新檔案，一邊激發出學習的樂趣。

衡量壓力指數的必要性在於，你可以得知思考中樞是否正在有效地運作（這有助於緩和警鈴，因為當你想要學習更多，警鈴就會知道沒什麼好擔心的）。如果你完全沒有壓力，指數只有一，應該會處於冷靜而警覺的狀態；也許不是完全沒有壓力，但應該可以算是歷來壓力最少的體驗。而這時候，當你想到過去曾引發壓力的事件，你會像坐在菩提樹下的佛陀一樣，讓這些事件掠過腦海而不留痕跡，你的身體幾乎不會感到緊繃，肩膀放鬆，頭也不會痛。

回想一下剛剛學到的內容，你應該可以感覺並注意到身體完全處於自在狀態的時刻。請特別注意這種時刻，不論那時的你壓力指數是多少。因為第三步驟的關鍵在於讓你更專注於重新定位的方式，你可以透過選擇，使自己超乎預期地更常處於無壓力狀態。

不過現在你的警鈴也可能處於指數二或三的狀態。如果警鈴正在傳送明顯但相對溫和的訊號來引起你的注意——也許是要讓昏昏欲睡的你保持清醒，或者是溫柔而堅定地提醒你運用記憶中樞，這樣你才能記下這段內容，並且在明天跟朋友或同事分享。如果是這樣的話，表示你並沒有完全放鬆。

就算你現在有一定強度的壓力反應，也是完全正常的現象。你測量到的壓力指數可能會是五到六，甚至可能到七，可能是本書的某些內容讓你想起了某些事，又或者和現在讀到的內容無關，總之你的警鈴正在輸送壓力荷爾蒙到身體各部位。在閱讀和學習的過程中出現中度壓力反應，這只是代表警鈴正在提醒你要專心，而思考中樞接收到警鈴的訊息後，就會協助你把注意力集中在閱讀的內容上。

閱讀不太可能引發壓力，造成徹底的情緒崩潰。畢竟你專心地讀著書中內容，讓思考中樞透過文字學習，等於重新定位到眼前最重要的事。最後，記憶中樞會把你的結論整理成檔案儲存起來。

如果近期發生了嚴重的大事，或是你預期會出現帶來壓力的重大事件，需要全神貫注地應對，那麼請你衡量壓力指數這件事本身可能已經導致警鈴發出動員警訊。如果你沒有想到即將到來的挑戰，壓力反應就不會這麼大。不過這也未必表示你的人或你的生活出了什麼問題，只是警鈴開始作響，提醒你要提前準備，不要等到最後一刻才行動，或是避免你因為忘記可能發生的事件而遭到壓力突襲。

事實上，光是暗示你可能有壓力反應，就足以觸發真正的壓力反應。你可能會突然感覺到強烈的情緒，例如憤怒、罪惡感或焦慮。你的腦中也許會思緒翻騰，身體像拉緊的橡皮筋一樣緊繃，感覺被煩惱困住，越來越無法控管壓力。如果你現在正經歷這些，表示你的壓力指數也許高達九——雖然說這麼高的指數通常表示你正面臨危急生命的威脅，例如車禍或者你的孩子衝進車陣裡，需要立即採取行動。

所幸指數十的情緒崩潰非常罕見，在這種狀態下，你可能會覺得世界末日即將來臨，甚至沒有活下去的價值。原因可能是出於威脅到生命，或讓生活產生巨變的重大事件，或是大腦化學物質失衡而導致嚴重的精神病症，例如有自殺的衝動。即便沒有如此極端的緊急事件，人還是有可能陷入崩潰狀態，原因包括精力耗盡，或是在生理或情緒層面過度疲勞。當疲勞超出負荷，原本只有六、七或八的壓力指數，也有可能惡化成全面的崩潰，純粹因為大腦警鈴已經沒辦法準確判斷實際的威脅程度。

不過請務必記得，如果你很肯定自己或他人的壓力指數已經到達十，或者你無法判斷眼前的情況是不是自己或他人經歷過最沉重的壓力，這時候一定要立即尋求協助。護理人員、醫院急診部門和生命熱線就是為了這種時刻而存在。值得慶幸的是，我們鮮少會遇上極度高壓的情況，即便生活在充滿壓力的環境中也是如此。如果觀察自己的壓力程度讓你的警鈴變得更活躍，我們希望你可以試著重新定位，好好消化這幾頁的內容，然後降低壓力指數，回到愉悅而專注的狀態。

衡量壓力指數之所以重要，是因為我們必須知道何時應該感受到壓力，何時是大腦過度反應。舉例來說，有的人在努力工作數個月或數年之後，在度假時情緒崩潰，可能是因為他已經連續好幾週忽略大腦警鈴，只為了完成自認該做的事。於是當餐廳服務生送錯餐點，照理說警鈴只需要傳送壓力指數四到五的訊號就夠了，指數卻飆升到九或十。隨時衡量自身的壓力指數，你就能抓出錯誤警報，並且重新專注在真正重要的事物上——以上述的例子而言，就是盡情享受假期和一頓美好的晚餐。

培養出判讀情緒儀表板的本領，出現極端壓力反應的頻率就會降低，因為你能夠及早辨識各種問題、危機和挑戰並且加以處理，避免演變成緊急事態。身為人類，當我們有能力像判讀儀表板一樣理解自己的身體，並且注意到大腦透過情緒傳送的訊號，就可以運用這些資訊隨時檢視壓力指數，使壓力和生活都維持在理想狀態。

衡量壓力的重要性

你或許曾聽運動員說過：「我今天狀態不好。」這是因為他們不夠專注。當你過得不太順利，無法專心工作，可能是因為你的警鈴不夠活躍。衡量自身壓力指數的另一個好處：你可以注意到壓力是否過高和過低。以下舉運動員和公開演說的例子來幫助你理解這一點。

多數的馬拉松選手都會在參加自己的第一場比賽前陷入掙扎，即使他們早已充分訓練，但一想到必須征服如此驚人的長距離，還是有可能會引發焦慮感，消耗完賽所需的精力和專注力。如果長跑運動員知道如何評估和管理大腦警鈴，就能運用壓力反應產生的能量來輔助身體發揮最佳表現。

知名馬拉松選手格蕾特・維特茲（Grete Waitz）運用直覺，發揮了一般人必須透過SOS才能獲得的能力。長達十年的跑步生涯和短跑世界冠軍頭銜確立了維特茲在體育界的地位。一九七八年，紐約馬拉松的主辦單位邀請她以「領跑員」（rabbit）的身分參加比賽。許多大型馬拉松賽事會僱用領跑員，也就是專門為參賽者設定跑速的快速跑者，目的是激勵領先選手創下更短的時間紀錄。領跑員通常不會跑完全場，然而維特茲可不是在比賽的前幾公尺出來亮亮相而已。

維特茲和丈夫把這次的紐約之旅視為二次蜜月，比賽前一晚她不僅相當冷靜，甚至還慶祝了一番。夫妻倆享用了四道菜的套餐，包括牛排、葡萄酒和冰淇淋。隔天維特茲和其他一萬三千名選手一起參加比賽，並且在前四分之三的路程保持飛快的速度和舒適的狀態。接著她採取的行動就和執行SOS一樣。

維特茲注意到自己的身體狀況開始衰退，大腦也陷入困境。來自歐洲的她已經習慣使用公制，不知該如何把英里換算成公公里，她真的無法確定自己還要跑多遠。這樣的狀況可能會導致她耗盡能量，然而她卻選擇專注在單一想法上。她在著作《完成你的第一場馬拉松》（*Run Your First Marathon*，暫譯）中描述當天的狀況：

> 我開始覺得煩躁又沮喪，每次我看到一片樹林都會心想：「噢，那一定就是中央公園。」結果都不是。為了保持動力，我開始對著老公罵髒話，因為當初就是他害我蹚了這渾水。

當時的狀況應該很逗趣，不過就在她越來越疲勞的同時，把注意力放在丈夫身上反而提升了她的自我控制意識，並且把警鈴緩和到適當的程度，讓注入體內的腎上腺素剛好可以支撐她繼續跑下去。如果維特茲的壓力指數一直維持在八、九甚至是十，並且對於完賽產生沮喪或恐慌感，她也許就無法跑完全程。維特茲那場比賽的最終成績創下世界新紀錄。

維特茲的身體當然異於常人地強壯，不過關鍵在於她的大腦——更明確地說，是她重新定位的能力。她將注意力轉移到人生中最重要事物上，這麼做賦予了她邁向勝利的力量。

請不要因為維特茲說故事的方式而產生誤解。你可能會誤以為她是利用憤怒當作動力來取得勝利，但如果她真的只是純粹感到很生氣，在困惑和疲勞觸發大腦警鈴時直接對壓力產生反應，她根本不可能成功。真正發揮作用的是她的大腦，藉著專注於她深愛的人，疏通了壓力反應、憤怒和各種情緒，進而將她的生理和心理強度提升到另一個境界。

當我們養成習慣關注來自大腦警鈴的訊號，代表我們具備能力採取下一個行動，可以選擇專注特定目標來提升或降低壓力指數，端看我們在當時的情況下需要警覺到何種程度。

另一個例子是公開演說。當警鈴太過活躍會使得我們過度緊張，導致學習腦無法發揮作用，但是當警鈴不夠活躍，我們又會欲振乏力。

二〇一一年六月，西藏的精神領袖達賴喇嘛前往澳洲舉行記者會。當時澳洲總理朱莉亞・吉拉德（Julia Gillard）選擇不與他會面，而當達賴喇嘛被問起是否對此感到失望，他的回答是否定的。「如果你們的總理對於心靈層面的問題有點興趣，那麼我們當然應該要見面交流，」他對國會記者說。「否則我沒有想要問他的問題。而且各位也知道，向他尋求建議沒什麼意義。」

這時達賴喇嘛的顧問悄悄對他說澳洲總理是女性，他很快改口說道：「噢，是她才對。」

在影片中，觀眾笑了出來，而達賴喇嘛一點也沒有遲疑的樣子。一般人在大庭廣眾之下犯了這種錯誤，很有可能會立即產生壓力反應，支吾其詞、臉紅，或者試圖將錯誤合理化。但是達賴喇嘛乾脆地修正自己的錯誤，並繼續發表談話。

達賴喇嘛在全世界演講和接受訪談數千次，他透過平時的冥想練習自然學會了衡量壓力的方法，並且培養出高度的自我控制，就算犯錯也無法影響他的專注力。其實人人都能用自己的方式來自我檢壓力指數，然後進一步感受自我控制，即使在嚴峻的情況下也能做到。

另一種壓力指標：憤怒指數

一般壓力指標適用於大多數人衡量並管理自身的壓力，不過如果生活中的某些情況和地點持續引發你的強烈警鈴反應，你可以運用另一種更明確的情緒。測量壓力指數的目的是訓練大腦注意警鈴訊號的起伏，你才能把注意力轉移到當下最要緊的事物上。但要是壓力的範圍太大以至於難以衡量，或者你產生特定形式的極端警鈴反應，例如強烈的焦慮或緊張，你可以經利用情緒腦自我檢查這些訊號。

我們的客戶發現了另一種適合進行自我檢查的情緒，那就是憤怒。有一位客戶在法官的要求下，六度重修憤怒管理課。他表示：「我知道很多憤怒管理技巧，要是能運用這些技巧，我也可以把憤怒處理得很好。只是有時候我真的太生氣，根本不記得那些什麼憤怒管理，這種時候什麼技巧都沒有用！」

憤怒是典型的壓力反應，源於大腦警鈴的訊號。憤怒不會帶來什麼好的感受，但你可以避免憤怒導致糟糕的結果。多數人的問題在於，一旦開始生氣就什麼都忘了，更不用奢望他會記得運用憤怒管理技巧。就算是經過充分訓練的減壓專家，也需要時時衡量自己的憤怒指數。

美國全國公共廣播電台有一個叫做《汽車脫口秀》（*Car Talk*）的節目，曾經接到一通很有趣的來電。一位名叫喬伊絲的女性聽眾表示，她的丈夫有嚴重的路怒症。儘管這檔節目通常是針對汽車修理方式提供建議，她卻希望他們能幫忙解決丈夫的問題。喬伊絲形容開車時的丈夫就像賽車冠軍馬里奧・安德烈蒂（Mario Andretti）和

HBO熱門影集《黑道家族》（*The Sopranos*）主角黑手黨老大的混合體，最令人出乎意料的是——她的丈夫是一位冥想老師。

如果不知道如何關注自己的警鈴，留意警鈴傳送的情緒訊息，就算花再多時間練習傳統減壓法也沒有用。關注警鈴不表示你要時刻牽掛或者讓自己陷入負面情緒，關注不愉快的感受並不等於沉溺或執著。關注指的是觀察並且從中尋找意義與價值，就像稜羅和大自然的互動一樣。情緒和自然世界有很多相似之處，乍看之下殘酷又醜陋，但最終會引導你獲得更深層的體驗。

雖然檢查自己的憤怒指數並不是完善的解決方法，但光是這麼做就已經能有效避免憤怒情緒的累積，或是在大腦崩潰時突然暴怒。方法和自我檢查壓力指數類似，最好選在平靜、沒有感到怒氣的狀態下練習，畢竟當你真的感到沮喪或憤慨時顯然很難暫停情緒，並且把思緒釐清到足以判斷自己當下的憤怒指數有多少。如果你在完全不感到生氣的狀態下，從身體和情緒層面勤加查看自己的憤怒指數，最後這項技能就能自動發揮作用。就是在這個自我檢查的短暫瞬間，決定了你會受制於憤怒，還是在憤怒狀態下仍能保有自我控制。

在不憤怒的狀態下練習自我檢查憤怒指數，能讓你做足準備，在憤怒時也可以完成自我檢查。這麼做也能提升警鈴的信任感，讓警鈴知道可以仰賴思考中樞的警覺性，不需要在微不足道的導火線出現時不斷發出警報。

這種練習還有另一項好處，你可能會發現自己其實正在生氣卻不自知。自我檢查憤怒指數時，確實有機會及早偵測到容易被忽略的發怒跡象。當你意外發現自己正在生氣的時候，通常離極端憤怒的程度還有一段差距，因此可以立即處理。這時候你已經知道警鈴想表達什麼，思考中樞就能審慎且主動地研擬計畫來應對眼前的狀況，以免小怒惡化成大發雷霆。

現在，請你用一到十評估自己的憤怒指數，「一」代表這是你經歷過最不生氣的狀態，「十」則表示最生氣的狀態。請記得，憤怒和壓力一樣，都沒有好壞之分，都只是代表警鈴正把化學物質傳送到身體各處，促使你注意眼前的某個狀況。

如果你的憤怒指數非常低，落在三以下，這可是好消息。不論你是有意無意，顯然你有在關注自己的警鈴，並且運用思考中樞高效處理生活中的各種情況。憤怒指數偏低可能意味著生活中令人煩心的事相對較少，或者更有可能的是，儘管和大家一樣在生活中經常遇到挫折，你的思考中樞已經學會和警鈴攜手合作，在憤怒惡化之前解決了麻煩。

如果你的憤怒指數介於中間值，大概在四到六之間，表示大腦警鈴開始傳遞預告警訊，提醒你必須注意正在或已經演變成問題的事件。這時請不要急著下結論，而是利用這次機會思考一下自己必須關注哪些現況、對象或潛在的挫折感來源。介於中段的憤怒指數意味著你有機會採取預防措施，最好開始追蹤可能需要預防的情況。

如果你發現自己有強烈的憤怒情緒，指數落在七到九的範圍，這種情況雖不常見但有必要重視，八成都是源於大腦警鈴發出訊息要求你採取行動。不過即使處於憤怒指數偏高的狀態，還是要先認清事態的嚴重性，才能讓自己掌握優勢，運用思考中樞的資訊採取審慎而有效的行動，而不是只仰賴衝動。

當然，一旦你的憤怒指數飆到最高點「十」，務必要採取行動來修正問題或解決危機。如果你在閱讀本書的過程中發生這樣的狀況，可能是因為內容觸發了你過去的記憶，或是讓你警覺到一直以來忽略的情況。面對如此強烈的憤怒，最好要預先準備緊急計畫，才能避免大腦警鈴把你推向暴怒狀態，導致大腦當機並且放棄掙扎。最理想的計畫一定要最適合你這個人，以及最適合眼前的特定狀況，量身製作。

話雖如此，專門處理憤怒指數十的有效計畫通常都需要與你信任的對象合作，才能將嚴重的錯誤導正。在這個解決過程中，關鍵在於絕對不要孤立自己，也不要拒絕支援和協助。

管理壓力和管理憤怒的道理相同，你體驗到的任何情緒，成癮衝動、挫折、焦慮或擔憂，都可以用指數來衡量。不論面對哪一種狀況，當你運用思考中樞關注特定感受引起的生理和情緒徵兆，就是在訓練警鈴少釋放一些化學物質到體內。

察覺壓力有助於減壓

若要說什麼情境最能突顯出評估壓力指數的重要性，非人際關係莫屬。卡莉和湯姆來向我們諮詢，兩人遇到的問題其實很簡單，那就是「批判」。卡莉是護理師，湯姆是會計公司的合夥人，平常有全職的工作，非工作時間還得張羅三個孩子的各種活動，像是運動、舞蹈和生日派對。儘管忙碌，他們每週一定會為彼此留些時間，例如週五是約會之夜，他們會請褓母來幫忙，這樣兩人才能獨處並且專注在對方身上。

可是平常兩人在家的時候，卻無法達到對方的期望。他們提到日常生活中經常發生的一些狀況：一般都是湯姆負責做菜，卡莉負責洗碗，不過在一個普通的晚上，湯姆決定除了做菜之外還要洗碗，以表示對卡莉的體貼。就在他沖洗餐具並且放進洗碗機時，卡莉的表情從感謝的微笑變成懷疑的皺眉。她認為湯姆沒有把餐具洗乾淨，湯姆則認為自己沒有錯。最後兩人吵了起來，當天晚上甚至還分房睡。

減壓的目標是學會管理自己的大腦警鈴，而保持高度的覺察力就是達成這項目標的關鍵。真正讓湯姆和卡莉產生壓力的並不是湯姆洗碗的方式，是他們的生活型態。不過兩人都沒有定期衡量自己的壓力指數，所以他們並沒有發現這一點。湯姆和卡莉渾然不覺自己的壓力指數長期落在四、五或六，導致平常生活中的一些小習慣就足以刺激他們已經高漲的警鈴，最後惡化成全面的情緒崩潰。

我們協助湯姆和卡莉學習衡量壓力指數，當他們前來進行最後一次諮商時，回報兩人之間有哪些改變。他們仍然是原本的自己，各有各的行事風格。他們也提到最近又再度發生洗碗機事件，卡莉還是不認同湯姆的洗碗方式，不過這次湯姆沒有生氣，他注意到自己的警鈴開始作響後，露出微笑並這麼說：「重點是我想要對妳好啊，而且我保證，如果從洗碗機拿出來的餐具還是髒的，我會再洗一遍。」

那天晚上他們沒有分房睡。

自我控制指標

自我控制源於清晰的思緒，在這樣的狀態下你才會有信心，知道自己能夠處理當下發生的任何狀況和任何可能遇到的問題。我們追求的不是毫不費力、一帆風順的完美狀態，而是能夠適當地應對壓力，同時能夠感覺到希望，感覺到自己人生的意義。即便我們感受到壓力，人生仍然可以很圓滿。

那麼，為何其他的壓力管理課程或書籍沒有教你隨時檢視壓力指自我控制指標？

當你把壓力籠統地視為一種問題，而非思考中樞和警鈴合作不順，你只會一個勁地想要消除壓力。既然你現在已經知道大腦思考中樞之於壓力所扮演的角色，以及思考中樞必須和警鈴合作才能造就最佳大腦，想必可以理解定期檢查自我控制程度的重要性。

自我控制指的是你有自信能在當下運用清晰的思緒做出明智的決定，處理眼前的挑戰。你是否能做到像維特茲、達賴喇嘛或不再因洗碗而生氣的湯姆一樣，把壓力視為珍貴的資源？這取決於你的思考中樞有多善於和大腦警鈴合作，而不是企圖忽略、擺脫或關閉警鈴。

現在用一到十來衡量你的自我控制程度，「一」和「十」分別代表你體驗過最低和最高的自我控制意識。請記得，就算自我控制聽起來很正面，其實也沒有好壞之分，只是思考中樞在傳送化學物質到大腦各處，好讓你集中注意力學習。自我控制就是大腦和身體對於你此刻狀態的評估。

如果你的自我控制程度很高，落在八以上，那可是好消息。不過這並不表示你是天才或比其他人優秀，只意味著你判斷自己應該具有冷靜思考的能力。清晰的思緒可以帶給我們深層且值得依靠的信心感，而自信就是最有效的壓力解藥。

如果你的自我控制程度偏低，那也沒有關係——這正好提醒你要學習啟動思考中樞和培養自我控制的方法。你可以現在開始執行SOS的步驟。一旦學習腦開始運作，自我控制程度就會隨之提高。其實你的自我控制程度就比你所認知的更高，然而大多數人卻不清楚如何直覺地運用思考中樞。毫無自覺將會減損智慧原本賦與你的優勢。

省思的必要性

如果沒有省思的習慣，反應就會取而代之。大腦功能之所以強大，是因為大腦能夠以大量而複雜的方式思考：想像、創作、懷疑、整合、相信和適應。許多腦科學家的研究不斷揭開大腦的多樣功能，這些功能讓我們能夠拓展經驗，理解自己和周遭世界的關係。不過目前可以肯定的是，人如果不省思，就無法學習。

檢查自己的壓力指數和自我控制程度很重要，因為過去的經驗和我們記憶這些經驗的方式會影響到我們未來的生活方式。如果我們不暫停一下，關注周遭事物的真實層面，例如事物帶給我們的感受和其中的意義，就無法決定自己的行為模式。最後，我們會淪為大腦警鈴的奴隸，只能做到保障自己的安全，卻無法有意識地調節自己的思緒、情感和行為。

約翰・杜威（John Dewey）曾提出環境會影響行為的論點，他是哲學家與教育理論學家，也是十九世紀後期「新心理學」（new psychology）運動的領導人物。杜威認為人類是有適應能力的有機體，不是可預測的機器。在其著作《我們如何思考》（*How*

We Think）中，他運用數十種說明來定義並釐清何謂省思，其中最值得一讀的部分就是他在書中前幾頁提到的案例研究。

杜威講了關於一個男子的故事：男子走到十字路口，他對路不熟，不知道自己要往哪裡走。你可以想像這個時候男子的警鈴一定瘋狂作響，他必須決定該怎麼做。於是男子爬到樹上想看清楚自己在哪裡，他必須找到路標或是能勾起回憶的事物。杜威把上述的情況稱為「歧路」（forked-road）時刻，並且寫道：「當我們的活動順暢地從一件事轉移到另一件事上，或者當我們任由自己的想像力恣意幻想，省思就無用武之地。」

簡而言之，當大腦處在最佳狀態時，我們不會認為有必要省思或衡量。然而當我們感覺到壓力，情況就完全不同了，因為大腦會發現有地方不對勁。杜威提出以下最具代表性的解釋，正好說明了為何SOS對所有人類的心智而言都很重要——**解決問題的需求，就是穩定和引導整個省思過程的關鍵因素。**

我們無法快樂地生活在警鈴世界，每次遇到叉路，大腦警鈴就會要求我們盡快解決問題。然而要想找到解決方案，我們必須暫停下來，考量周遭環境中的一切可用選項和其意義。

如果警鈴在體內注入太多腎上腺素，你就會喪失思考能力，甚至無法處理簡單的抉擇，例如晚餐該吃什麼才健康又美味，當然也無法面對更重大的挑戰，例如你想過什麼樣的人生。如果你的警鈴響得太過頻繁又太大聲，你會無法專注在真正重要的事物上。警鈴就是大腦中的提示鈴聲，告訴我們何時該省思，而SOS就是啟動學習腦進入省思狀態的第一步。

不過SOS可不只是危機干預機制或緩解情勢的技巧，雖然它確實有這些功能，但我們不希望你等到身陷危機時才使用。若要發揮SOS的最大價值，必須把這套流程視為生活中的一項技能，在緊急之時提供協助只是附帶功能罷了。事實上，除非你已經在低壓力或無壓力情況下練習並應用SOS很多次，我們強力建議你不要在面臨危機時使用SOS，甚至在不嚴重的高壓情況也不建議使用。

為什麼？答案就和學開車一樣。你會先在人少車少的社區練習開車，熟練之後才會開上時速一百公里的高速公路；SOS也是相同的道理。

試著把SOS想像成大腦的維生素，每日定時定量攝取才最有效。練習SOS能夠讓思緒更敏銳，並且提升你對身體的關注，也會提升你從事有益身體健康活動的能力。比起偶爾在緊急狀況時發揮腦力，能夠每天清晰思考人生中最重要的目標才更有價值。這樣不僅能預防各種危機發生，更可以避免我們陷入比死亡更糟糕的險境：錯過創造幸福和充滿意義的人生的機會。

話雖如此，有時壓力實在太過沉重，以至於我們無法透過SOS進入專注狀態，所以我們有必要學習辨識導火線。

第八章　無法執行SOS時：辨識導火線

接下來我們要傳授你保持專注的方法，即使一切分崩離析也能發揮作用。不過請切記，最能有效防範情緒崩潰的方法還是練習SOS，而且要經常練習。當你要展開新計畫，或者正在進行的事告一個段落，這種時機最適合集中注意力，調整大腦的狀態，能讓你做好準備。

在我們展開新章節之前，先一起執行SOS，練習目前為止你學到的內容。

首先是「跳脫現狀」。當你心不在焉、無法專注時，大腦就像塞車一樣充滿各種衝突的想法和感受。現在試著感受這一刻，什麼事都不用想，專心清空你的大腦。

如果你覺得緊繃或疲勞，請記得這些感受都是來自大腦警鈴的訊號，提醒你身心已經失去平衡。跳脫現狀有助於啟動思考中樞，讓它注意到警鈴的狀況，並且開始緩和身體的緊繃或疲勞感。

接著，試著「重新定位」自己。啟動思考中樞之後，你已經準備好把注意力完全集中在單一想法上。這是你**自己選擇**的想法，因為這是此時此刻你整個人生中**最重要的目標**，是現在你**最在乎且珍惜**的某件事或某個人。

每一次當你重新定位在人生中最重要的目標上，等於是為大腦的思考中樞充電並且調整到最佳狀態。你把內心最深層的價值和信念放在自己正前方，用來引導自己的思考和行動。這麼做的同時，你重獲了人生的控制權，也就是清晰思考的能力，因為你已經重新定位出賦予人生意義的目標。

只要花個幾秒，最多一、兩分鐘，讓自己跳脫現狀並且重新定位，一切就會改變。只需要兩分鐘，你就能從警鈴手中拿回掌控權。

最後一個步驟是「自我檢查」。請用一到十來評估，一和十分別代表你所體驗過最低和最高程度的壓力。現在你感受到多少壓力？接著再用一到十來評估，一和十分別代表你一生中感受過最低和最高程度的自我控制。此時此刻，你覺得自己的自我控制程度有多少？

如果你的壓力指數超過五，自我控制程度低於五，請考慮再執行一次SOS。並不是因為你上一次做錯了，或應對壓力的方式不夠好，只是你需要更多的刻意練習，才能將大腦科學轉化成踏實的心態和清晰的思維。再進行一次SOS不代表失敗或學習速度緩慢，而是代表你有追求健康的渴望，並且願意為此付出。放任大腦長期處於不專注的狀態才是失敗，而我們似乎經常犯下這種錯誤。

進入專注狀態後，你就可以開始學習如何解決不專注的問題。有時你會覺得整個世界好像隨時就要爆炸，不論走到哪裡，大腦警鈴都會因為某個理由而開始作響。這些觸發壓力的事物就是導火線。壓力的價值在於提醒我們生活已經失衡，而我們可以利用導火線讓我們重啟清晰思考。FREEDOM模式的第二個技巧就是辨識導火線。

什麼是導火線？

「導火線」一詞常讓人聯想到負面的事件，例如來自朋友或陌生人的惡言惡行、塞車、步步逼近的工作期限，或是心愛的人死亡。不過當你理解學習腦如何關注並緩和大腦警鈴之後，導火線的定義也會變得更加嚴格。

導火線指的是讓我們不經思考就立刻做出負面反應的因素。當某件事觸發警鈴，可能是一個聲響、一句話或是某個人，導致我們的體內充滿化學物質，並產生像是憤怒、恐懼、罪惡感或絕望等感受。

然而問題並不在於導火線本身。我們所體驗到的感受是很實用的資訊，有助於我們判斷當下的體驗是否對自己很重要。雖然很不容易，但痛苦的體驗確實有可能很值得，例如參加馬拉松。這種體驗確實會導致身體的壓力指數上升，卻不一定會觸發警鈴。真正的問題在於我們無法分辨真正觸發警鈴的因素，還是這只是一段體驗中令人不快的部分。

舉例來說，想像有個朋友在盛怒之下發言，其中包含了各種導火線，例如他使用的某個特定字眼、說話的語調、表情、肢體語言、事件發生的地點、在場的其他人，以及這段發言對你和這位朋友之間情誼的後續影響。這段經驗中的每一項因素都令人感到不快，光是想著如何處理大大小小相互糾結的導火線就像從蜂窩中取出蜂蜜一樣，如果你還搞不清楚狀況，一定會被叮得滿頭包。

相對地，如果你非常清楚目標在哪裡，就像經驗豐富的養蜂人，身處在一堆導火線中間也不會覺得特別有壓力。養蜂人不會試圖對付每一隻蜜蜂，而是選擇不理會大部分的蜜蜂；這些蜜蜂同樣也沒有在理會養蜂人。養蜂人會把注意力放在女王蜂身上：只要女王蜂沒有被激怒，工蜂就不會攻擊養蜂人。

當我們用長迴路連結學習腦和警鈴，學習腦會立即辨識出所有需要處理的導火線。當思考中樞試圖辨識導火線，就像養蜂人尋找女王蜂，大腦會發生奇妙的變化：我們的注意力會從感受到壓力（警鈴發出訊號），開始轉移到當下最值得感受、省思或體驗的目標上。

任何充滿壓力的事件或情況中都藏著大量的導火線，而箇中技巧就是找到真正關鍵的那一個導火線。大腦警鈴有可能被任何一個導火線觸發，一旦你注意到自己的警鈴正在作響，思考中樞就可以專心釐清真正的壓力導火線，進而成功緩和警鈴。

即使處於混亂的狀態，大腦仍然能夠專注——這是大腦非常重要的能力。當警鈴被觸發卻不知道原因，我們通常會做出違背本意的行為。對導火線產生反應時，一般人常見的行為不外乎：

- 抱怨
- 吼叫
- 攻擊

- 逃避
- 退縮

通常在我們搞清楚發生了什麼事之前，導火線就會引發強烈的警鈴反應。

你可以回想起某一次感到激動不已卻不知道原因為何的經驗嗎？或者也許你自認知道真正的原因是什麼，但卻沒辦法控制自己的反應？其實引發反應的不是導火線，而是你的警鈴。

在這種時刻可能很難透過執行SOS來進入專注狀態。話雖如此，你仍然可以試著找出真正觸發警鈴的因素，進而啟動學習腦。除了攸關生死的導火線，例如看到有人持槍或眼見獅子要發動攻擊，我們對大多數導火線的反應並非是全自動的。但若沒有適時管理，導火線可能會導致我們養成根深蒂固的習慣性反應或衝動，例如成癮或嚴重的憤怒管理問題。不過研究證實，即便是成癮習慣、突發性憤怒，或是因創傷和長期壓力產生的失控行為，都有根治的可能性。只要我們學會開始運用思考中樞來辨識導火線，就能減少反射性的衝動反應。

快速臥倒

羅德里格警探從一般巡邏員警一路工作到現在的職位，他在部門內的升遷速度很快，人人都折服於他的靈活機智與隨和脾氣。不過他在某次值勤遭到槍擊後便從警探一職退休，並不是因為上頭不給他內勤工作的機會，而是他無法接受每天待在警局裡，看著其他同事趕往案發現場，他卻因受傷的腿而再也無法出勤。於是他轉行當汽車銷售業務。

羅德里格平易近人的態度和幽默感讓他很快與客戶打好關係，然而在一次經銷公司的特賣會上，一切都變了。有個小孩不小心弄破了活動現場一顆巨大的氣球，結果氣球接連又破了好幾顆。當時羅德里格正在和一對年輕情侶討論成交事宜，在不明白周圍發生什麼事的情況下，他立刻臥倒在地。當他意識到自己做了什麼之後，頭也不回地離開公司。

羅德里格來接受治療時，不僅沒有再去上班，也害怕在夜晚外出。他怕自己會再次過度反應。儘管他知道自己很安全，卻時時感到恐懼。當他學會有關大腦的知識、執行SOS的方法，以及如何辨識觸發大腦警鈴的巨響之後，他重新拾回信心。羅德里格了解到自己之所以產生極端壓力反應，並不是因為自己有問題，而是因為警鈴要確保他再也不會被槍擊中。

他也發現自己的過度反應正好證明了他的大腦有多強大。導火線和警鈴反應都是在提醒他，注意安全和擁有完整的人生有多麼重要。羅德里格說：「這對我來說是一百八十度的轉變。我原本以為自己無法再忍受任何較大的聲響，現在我知道這是大腦在保護我。而且就算我再次過度反應，我可以跟其他人解釋這是怎麼回事。」

羅德里格重返職場，他又開始嘗試約會，而且很快就找到女朋友。他現在又會開始講他拿手的笑話了。

在最後一次療程時，羅德里格談到女友為女兒舉辦的生日派對。當他走進屋內看到一大團彩色氣球花束，心臟簡直要停了。不過他立即辨識出眼前的導火線。每當派對進入不同的環節，他都會執行SOS，重新定位在女友身上，並且提醒自己屋內沒有什麼東西是他無法掌控的。後來孩子們在吃蛋糕時，他坐在沙發上打算確認足球比賽的比分。在他打開電視時，有個小男孩在他後方把氣球弄破了。那一刻，他全身上下都充滿想要跳下沙發的衝動。

但他沒有。

他站起身，走向那個因為氣球破了而快要哭出來的小男孩，帶著他走到氣球花束前，讓他重新挑選一個新的氣球。

「辨識」即「重新思考」

辨識導火線的目的是讓大腦做好準備，將警鈴反應視為珍貴的輔助資訊，幫助你朝著最有意義的生活邁進。

你曾覺得自己很失控而且反應方式很糟糕嗎？有沒有遇過其他人因為某個導火線而情緒崩潰的狀況？很多事件都可能觸發警鈴反應，例如別人對著自己大吼，又或是覺得自己迫於情勢而毫無選擇。學習腦和導火線的功能是雙向的：人人都有能力搶先一步辨認導火線，避免它觸發警鈴並進一步控制大腦；當我們嘗試辨識導火線的同時，也啟動了學習腦並進入專注狀態。

辨識導火線促使我們重新思考，從新的角度思考，而不是受困在一成不變的思維中。這個行為可以激發思考中樞的強大力量，並且開始緩和警鈴。導火線就是一種警告訊號，它在告訴你的大腦警鈴：

- 某件事需要解決
- 某件事該發生卻沒有發生
- 某件事應該要做得更好
- 某件事的發展不如預期

導火線未必預示著壞事即將發生，通常只是需要稍加關注的情況而已。然而若是對導火線長年置之不理，可能就不只是你頭上嗡嗡作響的蜜蜂這麼簡單了。只要我們可以辨識出導火線，就等於向警鈴證明我們控制了大局。

舉例來說，假設你最要好的朋友總是習慣討好，無法對任何人說不，一般來說不會造成什麼問題。但麻煩的是，因為他總是答應自己不在乎或不想做的事，導致累積了不少壓力，而且經常向你抱怨。所以每當你聽到朋友又答應別人的請求時，你的警鈴可能就會因此被觸發。你也許會很生氣，想要對著朋友大吼，想結束這段友情，但是過了一天、一週或一年之後情況還是一樣沒變。

大多數的壓力導火線都是這種類型，一開始都是和其他人有關的、稍微惹人不悅的情況。有時你可能打從一開始就無法忍受，但你決定試著體諒當事人，或認為情況可能會好轉。無論如何，導火線都只會隨著時間過去而變得更加難以忍受。如果你一直等到情況再也回不去了，才決定正視並且辨識眼前的導火線，那麼你的各種想法和感受就會引發警鈴反應，而且通常會強烈到你無法清晰思考或控制自己的行為。

其實你有更好的選擇。辨識導火線意味關注生活中的異狀或人際關係中有待改進的部分。這麼做的目的並不是要你列出各種抱怨或建立一份委屈清單，這只會引發甚至加劇壓力反應。那是警鈴的工作：負責保存一份無止盡的清單，列出所有可能和已經出錯的狀況。

導火線和隨之而來的警鈴反應都是為了提醒你要思考，而不是單純地反應。如果你發現自己因為他人而過於沮喪，無法執行SOS，你可以轉個方向思考究竟是什麼觸發了警鈴。我們很容易誤把導火線想成惱人的小事，或是把對他人發脾氣、拒絕和避不見面的藉口合理化，其實這是因為思考中樞沒有即時介入，導致警鈴引發的結果。

當你思考是什麼觸發了自己的警鈴，記憶中樞就會讓你慢慢想起那些曾經引發你壓力反應的事物。在導火線惡化成情緒崩潰之前先釐清本質，我們才能負起責任，落實導火線真正提醒我們該去做的事：避免未經思考就直接反應，將專注力放在最重要的目標上。

領獎現場大崩潰

二〇〇九年，流行歌手泰勒絲（Taylor Swift）身穿銀色亮片長禮服，用髮夾別起一頭金髮，走上MTV音樂錄影帶大獎的舞台。她的第二張唱片贏得了四項葛萊美獎，包括年度最佳專輯，同年她也獲選為《告示牌》（*Billboard*）的年度最佳歌手。當她對著MTV現場的觀眾致謝時，還是青少年的她看起來真心感到驚訝，感激之情溢於言表。「我一直幻想著某天得獎了會是什麼感覺，但是從來沒有真的覺得這會實現。我唱的是鄉村音樂，真的很感謝各位給我贏得音樂錄影帶大獎的機會。」

就在泰勒絲準備接下一句時，鏡頭特寫轉向鼓掌人群中的某位藝人。當鏡頭轉回舞台，曾經拿下十四座葛萊美獎的饒舌歌手肯伊・威斯特（Kanye West）一把拿過了麥克風。起初泰勒絲還不知道發生了什麼事，接著威斯特開口了：「泰勒絲，我會讓妳把感言講完，但碧昂絲（Beyoncé）的音樂錄影帶才是史上最棒的。」所有人的表情都震驚不已。威斯特又再次強調：「史上最棒的。」接著將麥克風交給泰勒絲後離開舞台。音樂界最成功的藝人就在此時此刻，在全世界面前上演了大腦警鈴引起的全面情緒崩潰。

後來威斯特在《艾倫秀》（*The Ellen DeGeneres Show*）節目上坦承，他工作過度又缺乏休息，母親才剛過世，可想而知，他的壓力指數一定高得不得了。他在解釋頒獎典禮事件時說：「有時候只要誠懇的一瞬間，或是酒精，或管他什麼其他東西，就足以讓你的整個世界崩壞……」他笑了出來。這時艾倫打斷他並且說道：「酒精和誠懇通常沒辦法共存。」

不過在這場毫無保留的訪談中，威斯特表示：「從某方面來說，我覺得自己是為了文化而戰。」他認為自己必須公開評論「年復一年遭到忽視與否定的事件……再也沒辦法為了賣唱片對這些事視而不見」。

參加頒獎典禮時，他身心俱疲，長期飲酒，還失去了母親。泰勒絲獲獎這件事觸發了肯伊・威斯特的警鈴。當時他的警鈴已經處於高度警覺狀態，在頒獎的那一刻，他把白人女性贏過黑人女性視為種族問題。不論他這樣的判斷是否正確，這就是讓他跳上台的導火線。如果那時候威斯特能有意識地辨識出自己的導火線，雖然碧昂絲沒有獲獎還是會讓他的警鈴大作，但至少他還能保有清晰思考的能力，思考自己在這種情況下該如何反應。威斯特的行為引起媒體的軒然大波，而他接下來的行動可以說是延長版的SOS。他先是跳脫身為名人的現狀並且前往日本，接著在夏威夷待了六個月，將注意力重新定位在他的音樂創作。最後他自我檢查了一番，並且敞開心胸接受艾倫的訪談，誠實說出頒獎典禮那一夜發生了什麼狀況，讓所有人大吃一驚。

威斯特的這一段歷經，每天都實際發生在許多人身上：我們疲憊不堪，因為工作或照顧孩子而隨時充滿腎上腺素，想到該付的帳單和處理不完的報表就快崩潰，突然間有人超車，於是我們開始大吼。

威斯特和艾倫談起沉潛的那段期間：「當時我覺得，應該讓自己休息一下了，讓自己成為更成熟的人、更成熟的創作者，更專注在自己的想法上，思考我想帶給這個世界什麼。」

事發之後，威斯特非常清楚地辨識出自己的導火線，才有辦法在全國放送的電視節目上真誠地娓娓道來，甚至能夠對自己的價值觀侃侃而談。如果我們可以辨識出導火線，並且在情緒崩潰前像這樣釐清狀況，就能避免全面失控的行為發生。

導火線對大腦的影響

科學家針對曾經歷深度創傷壓力（例如戰爭或虐待）的人進行大腦研究，漸漸釐清了在導火線出現時大腦的運作情況：這些人光是想到過去慘痛的經驗，就有可能導致大腦警鈴大聲作響，在日常生活中引發激烈的壓力反應。我們無法確切得知他們的大腦在日常生活中處於什麼樣的狀態，畢竟考量到科技與道德問題，現在還沒有能二十四小時掃描大腦的技術。但可以確定的是，當這些人在腦內重播極度可怕的記憶，彷彿事件在眼前重新上演，大腦磁振造影顯示出他們的杏仁核變得高度活躍，而平常都能正常運作的記憶和思考中樞在這時則顯得不夠活躍。

沒有PTSD的人則相反，當他們回想充滿壓力的生活時，雖然杏仁核也會變得活躍，但程度遠不及PTSD患者，而且他們的前額葉皮質（思考中樞）和海馬迴（記憶中樞）也同樣活躍地運作中。

嚴重憂鬱症或焦慮症患者的大腦磁振造影則顯示，當這些人單獨面對充滿壓力的實驗室情境，會產生類似上述模式的強烈警鈴反應，思考和記憶中樞的活躍程度也偏低。我們無法斷定這樣的大腦活動模式，是否就是未曾經歷創傷的一般人在日常生活感受到壓力時的狀態，但很有可能就是如此。

透過腦科學研究，目前我們可以肯定地推論出導火線會導致大腦警鈴強烈反應，但若思考和記憶中樞也能出現相當程度的反應，警鈴就不會惡化到失控的地步。事實上，導火線還能讓大腦進入仔細省思的過程，讓我們做出明智的抉擇，使得壓力不升反降。除非思考和記憶中樞沒有完全啟動，壓力反應才會惡化成長期壓力，或是讓人做出不經思考的決定。

如何辨識導火線？

黛比告訴我們，每次她老公說自己必須出差，她都會非常憤怒，很不得把他關進衣櫃，鎖上門，然後一走了之。

會出現這種一湧而上的感受，是因為警鈴感應到了大腦沒有意識到的情況：黛比有全職工作，還必須獨自照顧孩子和整個家，而她的警鈴知道，老公不在身邊會讓她感到很孤單。

當眼前發生的事讓我們想起過去的艱苦或創傷經驗，警鈴會從記憶中樞喚出記憶。以黛比的例子來說，聽到別人要「出遠門」就足以讓她回到三歲時的心理狀態。她想起小時候爸爸出差時自己有多麼難過，看著爸爸走向車道，不知道他到底會不會再回家。現在換黛比的老公要出差，勾起了她這段回憶，而她發現自己再一次感受到父親可能不會回家的恐懼。

這是正常現象嗎？當然。大腦警鈴不會成長：不論我們年紀多大或是變得多成熟，警鈴還是像小孩一樣。此外，警鈴也不會分辨過去、現在和未來。如果某個事件在過去是問題，或將來有可能成為問題，警鈴就會把這個事件視為此時此刻的問題。

現在，讓我們一起檢視潛在導火線的清單，並且進行簡單的練習，來確認我們辨識導火線的能力。

可能觸發警鈴的導火線包括：

- 其他人的特定行為
- 其他人的特定發言
- 地點
- 活動
- 特定的時間、日期、季節或紀念日
- 例如疲勞、痛苦等感受，或是本能的反應

上述類型的導火線，有立刻讓你想起某段經歷並觸發警鈴嗎？

請挑選一個明確的例子：你生氣的時間點、你再也不願意看到的對象，或是你想永遠避開的地方。

讓這個例子在腦中停留一秒鐘。

感覺到腎上腺素了嗎？當警鈴被觸發，我們確實可以感覺到大腦正在讓我們準備好保護自己。

被觸發的警鈴其實不是什麼大問題，真正的問題在於人們通常會忽略**導火線本身是管理壓力反應的重要一環**。多數人在警鈴被觸發時，都想知道該立刻採取什麼行動，因為我們都想要趕快從壓力反應中解脫。但光是對導火線做出反應沒辦法真正讓人感到如釋重負。

事實上，要讓自己感到寬心並且冷靜下來，我們必須先釐清現況：引發這次反應的導火線是什麼？為什麼這個導火線會引發警鈴？我們該往什麼方向思考，才能保持警鈴不失控？清晰思考，才是我們面對導火線時應該採取的行動。

導火線其實就是警鈴認定有危險的事物，而辨識導火線的技巧就在於跳脫現狀，辨認出導火線的真正樣貌，讓思考中樞開始運作並緩和警鈴。或者，也許你有能力早一步注意到導火線，如此一來就能避免大腦警鈴無預警地發作。

如果黛比能辨認出自己的導火線是他人的離去，雖然不至於變得樂見老公出差，但應該可以比較理性地說：「告訴我出差的細節。」假設她老公還是不得不出遠門，至少兩人可以保持聯絡，讓黛比知道他一切安好。如果不一定需要出差，那麼黛比可以想辦法說服他待在家。不論是哪一種情況，她真正需要的是小時候無法擁有的大腦控制權。

有太多的人容易過度反應，甚至因此和自己深愛的人冷戰三天，這種過度反應在親密關係中出現的頻率絕對超乎你的想像。

重獲大腦控制權的方法之一，就是精準地辨識出導火線。例如肯伊・威斯特的導火線並不是泰勒絲，而是他認為泰勒絲得獎是因為長久以來存在於音樂產業的種族歧視。導火線多半與個人價值觀或個人目標有關，因為大腦認為有某件事或某個人阻礙了我們，導致我們無法獲得對自己來說很重要的體驗。

我們必須學會辨識導火線，因為警鈴並非誘導你發怒或做出愚蠢有害的行為，而是試圖幫助你避開危險或避免做出瘋狂行事。不過警鈴並不擅長有創意的解決方法，它只知道如何指出問題，然後從記憶中樞找出最先浮現的記憶，以此為根據尋找解決問題的做法。

如果你的警鈴堅持採取特定解法，例如只要伴侶去出差就要和對方冷戰，因為你從小想念父親的時候就是如此，代表這個解決方法其實是一種警鈴反應。你應該要先辨識導火線（親近的人即將出遠門），然後了解這個導火線會讓警鈴召喚出不好的回憶（小時候覺得被父親遺棄的難過感受）。將來當你遇到類似情況，就不會立即把警鈴最先找到的記憶資訊當作首要選項。

我們平常就應該練習在記憶中樞填滿清晰的思緒，包括我們最重視的人事物，以及阻礙我們關心這些人事物的原因。當我們意識到自己有能力辨識導火線，就能更清楚地思考自己在什麼時間想要獲得什麼樣的體驗。

其他人會觸發我的警鈴嗎？

在介紹有效的重新定位方法之前，我們想談一談有關導火線的最後一個重點：最常見的二手壓力來源，其實就是你身旁的人。伴侶、孩子、父母、朋友、同事、陌生人，還有在健身房總是和你搭話、害你無法好好健身的人。這些人不只有可能會觸發你的警鈴，而是一定會，天天都會。生活在現代社會，我們和多少人接觸，就有可能受到多少刺激。

他人之所以會觸發我們的警鈴，通常是因為他們自己的警鈴先被觸發了。例如想吃冰淇淋的小孩被父母制止後不停地尖叫，導致父母的警鈴被觸發後失控暴怒。要想避免這種情況發生，父母得先釐清孩子的警鈴反應如何影響了自己的警鈴反應。一旦養成習慣，時時關注自己的導火線，你就會懂得如何妥善處理警鈴對大腦和身體的影響。你會注意到有人出現壓力反應或情緒崩潰，因為他們沒有使用大腦的思考中樞來幫助警鈴重拾安全感，而你知道自己不必犯下一樣的錯誤。

舉例來說，你和一位合作愉快的同事一起參加會議，想到是和她一起開會，心情就會輕鬆許多。然而這一次，你發現她看起來不太一樣，似乎有一點防衛的態度。她的行為也許不是針對你，但你注意到她和平常判若兩人。這種隱隱令人感到心煩的感覺，同樣會出現在和家人、朋友甚至是陌生人之間，因為我們的警鈴分辨得出情況有些不對勁。

假設你那天工作已經很疲憊，而同事的防衛心又觸發了你的警鈴。如果這時你沒有意識到自己的警鈴作響，回家後你就會選擇喝一杯而不是散個步，你會選擇忽視家裡其他人，而不是關心另一半今天過得如何。你選擇做出未經思考的反應，而不是選擇你想要體驗的生活，害得身邊的人也因為你而警鈴大作。

相對地，如果你有意識地去辨識警鈴，等於在找到壓力來源之前都讓警鈴保持在活躍狀態。也許你在開完會之後才找到，也許你非常用心地關注警鈴，所以會議進行到一半時就找到了，但無論如何你都不會否認或隱藏警鈴的訊號，你會認真思考。

在返家的車上，你沒有太專心聽新聞，而是讓學習腦處理剛才的經驗，相信自己可以釐清導火線；你沒有喝一杯，而是和伴侶一起散步，並且主動提起下午這段經驗讓你有什麼感覺。如果有必要，你甚至可以等個幾天，讓大腦充分消化這段經驗，再明智地決定下一次面對這種情況時，你該採取什麼方式和同事互動。

只要記得最佳狀態的大腦可以幫助你了解自己的導火線，就算警鈴再次被觸發，你也不會因此感到恐懼或擔憂。當我們的大腦清楚最重要的目標是什麼，我們就知道在辨識出導火線之後該把注意力集中在哪裡，而這正是下一部的主題：用最有效的方法重新定位、減輕壓力，以及填滿記憶中樞。

第三部

被壓力佔領前的三種定位方法

Three Ways to Orient before Stress Takes Over

第九章　發揮情緒力量

當你越來越習慣讓思考中樞處於專注的狀態，基本上就等於有能力控制你的大腦和身體。接下來要介紹FREEDOM模式的另外三個技巧，這些並不是全新的方法，而是SOS的深度應用。根據朱利安・福特的研究結果，這三種技巧最能幫助我們有效地重新定位。當你全神貫注於自己最重視的目標，而不只是單純地對身處的環境和當下的經歷做出反應，你就可以選擇自己該用什麼樣的情緒和思維走向未來的路。

為了強化專注能力，我們練習SOS的第一個目標就是情緒。雖然我們無法百分之百確定究竟是先有情緒或先有思緒，但大多數人都很熟悉隨著壓力而來的情緒，接著才會辨認出讓自己有壓力的思緒。舉例來說，當你對喜歡的人生氣時，在感到憤怒的當下，你沒有辦法感受到對他的愛意。對大部分人來說，最危險的是我們習慣讓自己長時間處於憤怒、尷尬或焦慮的狀態，然後任由這些情緒控制我們的生活方式。以人際關係為例的話，要不是在心裡築起高牆，就是因為負面的情緒而選擇離他人而去。

其實我們還有另一種選擇。我們可以運用大腦的能力來轉移注意力，並且重新定位到我們真正想傳達的情感，例如我們可以用溫馨愉快的回憶取代憤怒。接下來我們會說明如何選擇自己想感受的情緒，以及如何用值得記住的情緒填滿記憶中樞的檔案資料庫。為了進一步辨識你的自我控制程度，我們接下來將討論FREEDOM模式中的第一個「E」：發揮情緒力量。

什麼是情緒？

大腦警鈴引發的每一種壓力反應都會伴隨著一大串情緒。一旦身體發出訊號告訴我們自己正在經歷壓力反應，我們首先注意到的就是情緒。身體為了示警壓力反應而產生的生理感受，例如全身緊繃、冒汗和腹部難受等，全都是預先發出的警訊。

情緒是思考中樞提供的身體反應即時簡報，儘管許多人以為情緒是從身體和大腦的某處莫名冒出來的，但其實沒那麼複雜。情緒就是思考中樞把身體的感受轉譯成想法。舉例來說，當你因為感受到潛在的危險而感到害怕，思考中樞就把這樣的情緒當作資訊，試圖釐清狀況以及該採取什麼行動。

思考中樞從環境中找到導火線後，會在大腦內發出「頭條新聞」來解釋為何警鈴引發了生理上的壓力反應。請記得，警鈴通常在我們渾然不覺時就已經先反應了，因為它隨時都在注意周遭狀況。以下清單列出各種情緒，對應警鈴所感知到的狀況以及它希望你採取的自保行動：

- 害怕：可能有危險，需要保持警戒。
- 焦慮：事情可能會出錯，需要檢查潛在問題。
- 悲傷：失去（或可能失去）重要的人或事物，最好能尋找新的幸福。
- 罪惡感：犯了錯誤，需要釐清錯在哪裡並改正。
- 尷尬：沒有達到自己（或他人）的標準，需要更努力或更有效率地工作。
- 羞愧：違反了自己的基本信念或價值，應該要面對真正的自己。
- 憤怒：某事或某人傷害到你或你在乎的人，必須保護自己或在乎的人。
- 厭惡：有東西聞起來很糟（可能是字面上的意思或是一種譬喻），需要趕快擺脫這個東西。

- 驚悚：令人難以置信的壞事發生了，快逃！
- 驚恐：可能威脅到生命的壞事發生了，快跑！
- 無聊：沒什麼有趣的事，最好去找出想做的事。
- 沮喪：應該可以解決的問題卻沒有處理好，需要另尋新方法。
- 惱怒：原本是小問題卻演變成大問題，需要另尋新方法。
- 不安全感：沒有人可以照顧或保護你，但請記得最佳大腦永遠都可以幫助你找到有意義的人生。

接收到這些訊息時，你會怎麼做？一般而言，我們會試圖忽略，試圖用自己的方法擺脫這些情緒，希望不要再有這些感受。這種常見的反應就是典型的「反應」，是短迴路的產物，而且完全受到情緒腦的訊息左右。

反之，如果你注意到情緒想傳達的訊息，並仔細思考該如何運用這些資訊來幫助自己面對挑戰和壓力，你就能掌控自己的生活，而不是任由情緒控制你。發揮情緒力量，就是由你自己選擇想要感受什麼。

話雖如此，當我們快要大發雷霆或是沮喪到無法採取任何行動，怎麼可能還有辦法記得去解析情緒的訊息？發揮情緒力量也意味著運用思考中樞去理解身體想傳達的訊息。

有能力卻無能為力

你可以想像還有什麼情況，比被監禁在家中更讓人感到無能為力的嗎？

接下來我們會用三個故事來說明關注情緒如何有助於緩和壓力反應，並且讓思考更清晰，第一則故事的主角就是翁山蘇姬。在緬甸，幾乎人人都尊稱翁山蘇姬為「女士」。遭到軟禁的當時，她已經是聲勢高漲且極具領袖魅力的政治人物。她的父親是追求自由民主的鬥士，母親是外交官。她在牛津大學完成學業後，在英國結婚並育有兩子。在一九八八年，她為了照顧生病的母親回到緬甸當時的首都仰光。

翁山蘇姬回國時，緬甸正處於動盪時期，學生和上班族挺身對抗獨裁政權，於是她繼承父志，開始領導和平集會和非暴力抗爭。她曾說：「身為我父親的女兒，我無法對眼前的這一切視而不見。」

一場軍事政變結束了抗爭運動，接著政府在一九九〇年舉行選舉。翁山蘇姬協助成立和並以總書記身分領導的全國民主聯盟（National League for Democracy）贏得了國會多數席次，然而軍政府拒絕承認選舉結果，因為翁山蘇姬很有可能因此成為首相。當權者擔憂她可能會成為威脅國家和平的人物，所以她在接下來的二十一年之中有十五年遭到軟禁。

她是如何面對這樣的恐懼？每天醒來，她都不確定自己是否會像這個國家的許多百姓一樣，被丟進監獄之後便音訊全無，或是遭到處刑。根據各種紀錄描述，翁山蘇姬過著簡單樸實的生活，幾乎沒有與其他人接觸。她的人生看似就這樣在湖畔小屋裡平靜地一天天度過，實際上卻並非如此。

翁山蘇姬在一九九〇年的演講〈免於恐懼的自由〉（Freedom from Fear）中說道：「無所畏懼可能是一種天賦，但更珍貴的是透過努力而獲得的勇敢。這種勇敢源於培養拒絕讓恐懼指揮自身行動的韌性，可以稱之為『壓力之下的氣度』——經過一次次艱難且不間斷的壓力淬鍊，都將使氣度更上一層。」

這場演講訴說了她的旅程起點，以及她如何「勇敢」。勇敢是一種感受，是一種可以體驗並透過記憶中樞回想的情緒。就像她的父親為了自由奮鬥，就像她的楷模甘地（Gandhi）和馬丁・路德・金恩（Martin Luther King Jr.）以非暴力的方式抗爭，直到同胞獲得自由。翁山蘇姬一次又一次關注並重拾勇敢的心態。

如果換作我們身處翁山蘇姬的情況，應該會感受到強烈的憤怒：因為不公義而憤怒，因為無法見到罹患癌症的丈夫最後一面而憤怒，因為世界沒有對她和同胞伸出援手而憤怒。然而她沒有讓警鈴引發的情緒妨礙自己保持最理想的心理狀態。從軟禁的那些年偶爾流出的照片看來，翁山蘇姬的表情總是流露出毫不退縮的堅毅和無可匹敵的冷靜。雖然她的臉龐隨著時間過去而漸有老態，但絲毫不減其泰然自若。

翁山蘇姬究竟心中想著什麼，才能達到如此平靜而強大的專注狀態？她又是如何與憤怒這樣的情緒共處，甚至發揮情緒的力量？

她之所以能夠發揮情緒的力量，是因為她成功地將無可避免的警鈴反應轉化為冷靜且堅持的心態。也許她曾經陷入警鈴引發的衝動行為，想要攻擊、報復，或是向失敗屈服，但我們都知道最後翁山蘇姬成就了什麼：她在警鈴和思考中樞之間建立合作關係，安撫了警鈴對安全的渴望，同時也兼顧她對自由的追求。在最近一次選舉，翁山蘇姬順利成為緬甸國會的一員。

話雖如此，就算你不像翁山蘇姬是全球名人或諾貝爾獎得主，還是可以發揮情緒的力量，幫助自己脫離動彈不得的困境。我們曾幫助過兩位類型非常不同的女性：一位貧困的母親和一位住在市郊住宅區的母親。兩人的經濟狀況天差地別，卻都面臨了和翁山蘇姬一樣的挑戰——孤立狀態。

喬安娜是二十九歲的單親媽媽，有三個孩子和兩份工作，每個月都為了繳公寓的房租而煩惱不已。凱莉三十五歲，有兩個孩子，為了照顧家庭而離開金融公司的管理職位。

喬安娜除了要照顧小孩，還要兼差當護理師助手和清潔工，她從未有過獨處的時間，也沒有機會專心做自己想做的任何事。喬安娜唯一不需要照顧他人的時間就是上教堂，年長的女性教友會幫忙她帶小孩，好讓她可以擔任合唱團的一員。

凱莉的丈夫是事業有成的大公司主管，但他經常需要出差，平時很少在家。他們一家人住在有五個臥室的房子，但凱莉完全不認識鄰居。她將所有時間都花在照顧和陪伴孩子，連她沖澡或上廁所都不能離開孩子的視線，連一點點自己的時間都沒有，更不用說與其他同樣年齡的人相處，只有當她去健身時可以把孩子留在健身俱樂部的托兒中心。

許多女性聽了她們的故事應該會覺得很熟悉。這兩位女性來找我們諮商時，都表示感到挫折和孤獨。她們不想對孩子發脾氣，卻經常忍不住大吼大叫，或是忍不住覺得孩子偷走了她們的生活。

我們幫助喬安娜和凱莉學會SOS之後，請她們回想曾經感受到和孩子有深刻連結的時刻。喬安娜談起年紀最大的孩子參加拼字比賽的回憶，凱莉則想起跟孩子讀睡前故事時覺得很自在。在這兩個案例中，當我們請兩位女性回想和孩子之間的親密時刻，再自行檢查壓力指數和自我控制程度，兩人都感到放鬆許多。她們也發現清晰思考對孩子和對自己來說有多麼重要。

隨著兩人持續練習SOS，一面關注警鈴引發的情緒，一面專注於她們理想的情緒狀態，她們的生活並沒有出現奇蹟似的改變，喬安娜還是要面對經濟壓力，凱莉還是得單打獨鬥地照顧小孩，但兩人都發現自己有能力在接近崩潰邊緣時，冷靜地選擇下一步該怎麼走。在我們的研究對象中，包括從戰場上回來的軍人、服刑中的成人或青少年，或是因生活忙碌而疲憊不堪的大人和小孩，大家持續地練習SOS之後，幾乎都能得到同樣的成果。

那麼，在翁山蘇姬和這兩位母親身上究竟發生了什麼事？是什麼讓她們身處不同的情境，卻產生了類似的情緒體驗？她們運用負面情緒提醒自己，刻意回想起其他能夠賦予人生意義的情緒。回溯各式各樣的情緒，而不是只關注警鈴引發的情緒，這種做法可以創造出新的記憶，讓她們意識到自己豐富的情緒變化，便有機會選擇要把專注力放在哪一種情緒上。

情緒與大腦

在我們的大腦儀表板上，情緒就是那些五顏六色的燈號和圖示。情緒是來自身體的訊號，提醒我們要注意某件事，並且要求或建議我們採取行動。而特定情緒的實際型態取決於警鈴轉達這則訊息的方式。

反射性的情緒是來自大腦警鈴的訊號，告知我們有問題出現而且必須解決，或至少想辦法讓情況變安全。誠如我們先前所討論的，若試圖擺脫負面情緒並用正面情緒取而代之，肯定徒勞無功。因為高聲作響的警鈴一旦遭到忽略或拒絕，只會引發更加嚴重的負面情緒。事實上，我們真正該做的是讓思考中樞注意到這些警鈴引起的感受，這樣當問題出現時，我們才會知道該關注什麼。這類情緒之所以讓人痛苦，是因為我們處在不對的情況，警鈴則是在提醒我們要辨識出原因並採取行動。但這不表示我們只能任由反射性的情緒掌管我們的生活。

所謂最佳狀態的情緒，指的是當我們專注於自己最重視的事物，並且同樣關注來自警鈴的反射性訊息所產生的感受。這些情緒包括喜悅、平靜和滿足，都是思考中樞和警鈴合作的產物。然而要是思考中樞無法解決威脅（無論是實際上或想像的威脅），即便是強迫也無法使警鈴接受最佳狀態的情緒。因為警鈴一旦被觸發，只會越來越強烈地發送求救訊號，無法接納或享受任何正面的情緒。

話雖如此，當大腦以最佳狀態運作時，我們就會記得要先讓思考中樞關注警鈴引發的情緒，接著再疊加正面情緒，以反映我們想要追求的體驗。這樣的結合有助於緩和警鈴，也有助於我們客觀看待自己的反射性情緒。

我們可以在閒暇之餘，思考自己究竟想要什麼樣的情緒體驗。不論是日常的生活或難得一次的珍貴回憶，都可能成就我們人生中最美好的感受。我們在獲得重要經驗的同時，也可以體驗到美好的感受，並且記住這就是我們想要的人生的最佳狀態。大部分的人不懂得善用這種能力，因為我們多半只是依賴反應過日子，而沒有真正地去感受生活。

當你開始關注自己的情緒，就會注意到自己該在生活中的哪些環節做足準備。如此一來你就能隨時啟動思考中樞，快速釐清並掌控現況。如果你在壓力反應出現（或即將出現）時率先注意到情緒，等於賦予思考中樞權力來制定下一步計畫。情緒並不會導致你過度反應，反而可以避免警鈴過度反應。情緒就是像是提示鈴聲，讓我們得以辨識出哪裡不對勁。只要我們懂得關注情緒，它就能發揮明確的功能，確保導火線與其引發的警鈴反應不會阻礙我們體驗想要的生活。

請勿將訊息壓縮到最小

彼得開始會在半夜出現恐慌發作的症狀時，他沒有告訴任何人。身為事業有成的小企業主，他希望這只是因為自己習慣在睡前吃個幾公升的冰淇淋而產生的副作用。彼得經營電器行業務，每週工作六十小時，有時甚至到七十小時；他的運動量明顯不足，而且只有空閒時間才能吃飯，而他的恐慌症狀越來越嚴重。

某天彼得下班回家，車子開下高速公路時他恐慌突然發作，胸口感覺快要爆炸，幾乎沒辦法把車好好停在路邊。彼得來向我們尋求協助，他說醫生告誡他要改變生活型態，於是他開始減少工時並且鍛鍊身體。不過他拒絕使用藥物，而且最近還是會在半夜突然驚醒。

情緒可以協助我們釐清現狀，讓我們知道該如何處理導火線引發的事件。但情緒也可能會惡化成嚴重的問題。當我們忽略或拒絕關注情緒，這些感受就可能演變成情緒崩潰，出現戰鬥、逃跑或各種形式的逃避反應。平心而論，讓我們崩潰或失控的罪魁禍首並不是情緒，而是因為大腦遭到警鈴綁架。如果思考中樞沒有向警鈴保證問題已受到掌控，警鈴就有可能利用情緒來綁架我們。

以彼得的案例來說，隨著事業越做越大，他開始擔心自己無法帶領公司穩定成長。彼得的家庭從小教育他不該輕易開口要求協助，所以他沒有要求員工付出更多，而是自己完成本該指派給員工的工作。當他變得更成功，買了新房子和車子，他又開始擔心自己無法維持這種生活。他為此焦慮了好幾年，卻沒有試圖解決，而是藉著更努力工作來把擔憂拋在腦後。

是否聽起來很熟悉？我們總是習慣忽略或是壓縮大腦警鈴發出的訊息，將它壓縮到最小，這完全是錯誤的做法。請務必記得，這麼做只會導致警鈴變得激進，吵著要求更多注意力。和導火線的道理相同，一旦我們不把警鈴的警告訊號放在眼裡，哪天情緒就有可能演變成一場災難。

相反地，如果思考中樞非常重視警鈴引發的情緒，適時加以應對安撫，警鈴就會減少釋放壓力荷爾蒙，我們也會感到比較平靜，而不是焦躁不安最終惡化到近乎崩潰。儘管彼得工作過度，憂心事業未來的發展，但他對自己提供的服務品質感到自豪。當他感覺到焦慮增加時，他可以回想客戶滿意的回覆；當他無法入睡時，重回這樣的情境可以幫助他緩和大腦警鈴。

雖然外部情況還沒解決，可能還是會引發壓力或問題，但是當我們運用思考中樞重溫自己想要的感受，警鈴會緩和下來並願意合作。大腦傳遞的訊息不只是讓我們感受到警鈴引發的情緒，而是運用大腦的思考中樞去理解這些情緒。思考中樞有能力解讀這些情緒代表的意義，成功解讀後，我們就能辨識出生活中需要改變的環節，讓情緒發揮應有的功用。如此一來，清晰的思緒會幫助我們再次感到平靜自信。

創意的痛苦與狂喜

《包法利夫人》（*Madame Bovary*）和《狂人回憶錄》（*Mémoiresd'un fou*）的作者古斯塔夫・福樓拜（Gustave Flaubert）曾在信中憤恨地對朋友抱怨：「你根本不懂整天雙手抱頭，努力絞盡可悲的大腦只為了找到一個適當的詞彙是什麼感覺。」

文思枯竭。

這對富有創造力的大腦來說是痛苦的根源，也是對大腦警鈴毫無自覺的藝術家一定會遇上的困境。從柯立芝（Samuel Taylor Coleridge）、托爾斯泰（Leo Tolstoy）、吳爾芙（Virginia Woolf）到福克納（William Cuthbert Faulkner）等作家，不分男女老少，人人都體驗過這種受困的狀態，導致創作無法進行下去。這種情況會發生在任何仰賴右腦的創意職業：畫家、設計師、演員，甚至運動員。如果我們不知道如何發揮情緒的力量，在體驗到最佳大腦令人讚嘆的強大能耐之前，肯定會先經歷警鈴阻斷創意的悲慘時期。

作家海明威（Ernest Hemingway）曾在第一次世界大戰駕駛過救護車，也參與過西班牙奔牛節，還曾在非洲狩獵野生動物，結果當他被問起世界上什麼最可怕，他回答：「空白的紙張。」文思枯竭或任何想法的枯竭都是焦慮的某種形式，是一種自我懷疑，認為自己再也無法達到以前曾經擁有的成就。對於藝術家而言，當創意和想法不再流動，那種受困的狀態好像怎樣也無法克服。然而這樣的狀況實際上是警鈴想要避免我們受到傷害。以海明威為例，因為他過去寫作寫得很好，他的警鈴想要避免他在未來表現不佳。

海明威在回憶錄《流動的饗宴》（*A Moveable Feast*）中，描述了自己克服文思枯竭的過程：

當我剛開始寫新的故事卻寫不下去，這時我會坐在火堆前，把小橘子的皮捏一捏丟進火的周圍，盯著隨之而來劈啪作響的藍色火苗。我會站起來眺望巴黎的建築屋頂，心想：「別擔心，你一直都寫得出來，現在當然也寫得出來。總之你只需要寫下一句真切的句子，寫下你所知道最真切的一句話。」最後當我成功寫出令人滿意的一句話，就可以接著繼續往下寫。

請注意海明威對自己說的第一句話：「別擔心。」這絕對會讓大多數人的焦慮感更加強烈，因為警鈴的職責就是要擔心，而面對空白的稿紙，深知寫作目的的警鈴只會讓體內充滿更加痛苦的情緒。不過海明威這段話的其他部分可以說是再明智不過的建議，甚至幫助他贏得了諾貝爾文學獎。

「你一直以來都寫得出來」、「寫下一句真切的句子」、「寫下你所知道最真切的一句話」，這表示他開始回想順利寫作的感覺，那種能用紙筆精準呈現出自身想法的心理狀態。當我們努力想要創作卻在過程中遇到挫折，情緒會大量湧出，而這時就需要警鈴幫助我們從中脫身。

海明威也深知如何避免文思枯竭，他在《君子雜誌》（*Esquire*）的文章中寫道：

最有效的方法就是當你覺得一切順利，也知道接下來會發生什麼狀況的時候，一定要停下來。如果你每天都這麼做……就永遠不會卡住。一定在要在順手的時候停下，然後不要再思考也不要再擔心這件事，一直到隔天你要再次開始寫作。如此一來，你的潛意識就會時時刻刻都在運作。但如果你有意識地去思考或擔心，等於是扼殺了靈感，而且會讓你的大腦在開始寫作之前就已經疲勞。

這段建議的精髓就在於，海明威選擇了自己想要專注感受的狀態。當他覺得進展順利，也很清楚接下來的工作進度，就會產生可以再次做到的自信。

當我們準備好隔天繼續努力，把某個很重要的東西寫下來、畫下來或設計出來，我們的學習腦會記住這種狀態。當我們知道自己正在進行的工作困難但很有意義，這種理想的心理狀態就會變成長久的情緒模式。因此只要選擇把注意力集中在讓生命有意義和價值的情緒，任何事都無法阻擋你的創作力。

但是萬一其他人不欣賞你的創作呢？這正是發揮情緒力量的另一個絕佳機會。

練習發揮情緒力量

情緒沒有好壞之分，但我們卻經常用好壞來區分情緒。我們判斷情緒的好壞，是基於情緒為我們帶來痛苦或愉悅。其實情緒只分為本能型和認知型，前者源自大腦警鈴，後者則源自學習腦。

雖然我們的身體會依照警鈴的指示對特定情況做出反應，不代表我們必須一直維持這樣的反應模式。就像你小時候怕黑，相信角落陰影裡有怪獸，不代表長大後的你就會對黑暗感到恐懼。

我們可以借用情緒的力量來應對壓力反應，或者單純地重溫儲存在記憶中樞的豐富回憶。為了讓你更了解這個過程，先讓我們回到SOS。在任何時候，只要讓思考中樞進入專注狀態，你就可以啟動記憶中樞，找到當下對你來說最重要的情緒體驗。

現在讓我們來試試看。

跳脫現狀。清空所有思緒，把注意力放在自己看到、聽到和身體感覺到的一切，或者是觀察周遭的環境。

這時大腦警鈴和思考及記憶中樞之間的溝通管道暢通無阻，你可以清晰地思考。

接下來，請跟隨我們的步伐，在你的腦袋中進行短暫的巡禮。

你人生中最喜歡哪一次度假？或者有什麼地方能讓你真正享受隱密的私人空間？也許是家裡，或是世界上任何一個地方。是誰讓這個地方或這個體驗變得如此特別？把這本書放下幾分鐘，然後在腦海中播放這些記憶的影像。

就在你享受回憶的同時，請同時關注另一件事：現在你感受到了哪一種情緒？哪一種情緒囊括了這段經驗或這個地方的所有美好之處？哪一種情緒濃縮了這個地方和當時在你身邊的人所蘊含的意義？這些問題沒有標準答案，但是你選擇關注的情緒，必須足以代表你在最佳狀態時的心理感受。

以下是一些常見的例子：

- 寧靜
- 喜悅
- 平和
- 幸福
- 滿足

- 驕傲
- 愛
- 希望
- 成就感
- 熱情
- 祥和
- 舒適
- 興趣
- 安全感

如果用一到十來衡量，「十」代表你體驗過最沉重的壓力，「一」則代表你最沒有壓力且最理想的狀態，現在你的壓力指數是多少？當然不是每次執行SOS，你的壓力指數都會立即下降到一或二。不過當你在專注的過程中加入最佳狀態的情緒，通常你會發現自己的思緒煥然一新，身體則會感覺到壓力指數下降至合適的程度。也許你的生活還是充滿壓力，但現在你的思考中樞處於專注狀態，不論壓力指數是否有改變，你都會觀察到自己越是集中於最佳狀態情緒，自我控制程度就提升越多。

如果你現在可以感受到在沙灘上享受日光浴的幸福和平靜，或是看著孩子玩玩具的愉悅感，又或是和父親一起釣魚、和母親一起做菜（也可以是和母親一起釣魚、和父親一起做菜）時深刻而祥和的放鬆感，代表你已經成功發揮了情緒的力量。你剛剛決定了要把注意力集中在特定的情緒上，即使只保留了這個念頭一秒鐘，仍然代表你已經選擇了自己想要的感受。

如果用一到十來衡量，「十」代表你人生中最能控制自己的狀態，「一」則代表你的生活極為混亂又失控，現在你的自我控制程度有多少？

你的感受可以不必總是跟隨壓力反應，你的情緒也可以不必總是受周遭的導火線左右，不受佔據大腦警鈴的恐懼和憂慮左右。當你注意到自己有負面情緒，你可以善用這種感受來提醒自己要專注。而當你專注於自己想要感受的心理狀態，等於發揮了過去情緒記憶的力量，來緩和現在的大腦警鈴。

如果你現在沒辦法做到這一點，不代表你有問題，只是你可能比較適合用其他想像畫面來練習重新定位，不一定要想像自己最喜愛的假期。請試著在執行SOS時專注在某段回憶上，而這段回憶要能在此時此刻讓你感受到你想要體驗的情緒。這段往事不一定要很深刻或複雜，可以是享受你最愛的食物，或是坐在你最愛的人身旁，又或者你可以想像在春天開著車窗兜風的快感。你有能力從記憶中喚出理想狀態的情緒，而且我們很確定，人人都能學會這項技能。

話雖如此，練習仍是必要的。畢竟在你證明自己可以清晰思考前，警鈴會一直試圖控制你的生活。當你習慣用SOS來面對容易引發壓力情緒的經歷，你就能發揮情緒的力量，也能發揮自己的潛能。現在你已經準備好用冷靜的態度處理衝突的對話，因為你根據過去成功對話的經驗執行了SOS；你也有能力接下工作的挑戰，例如面面俱到地完成簡報，因為你從過去的成功經驗喚出了自信的心態。多練習重新定位，直到你可以確切感受到的想要感受情緒，你會發現情緒的選擇權就握在自己手中。

前後對比

你關心、深愛且信任的對象正對著你大吼。

這時你有什麼感覺？

這幾個字組成的句子可能會觸發警鈴反應，讓你想起最近的經歷，或是回憶起父母、手足或愛人如何用言語傷害了你。這種受傷的記憶也許會瞬間浮現，也許已經和一張臉、一個名字或一段經驗連結在一起。

這樣的記憶是為了保障你的安全。

但你沒有必要讓受傷的記憶主宰你此刻的感受，不論當初對方為什麼要對著你大吼，可能是因為你有意或無意的行為，或是偶然的狀況導致對方的警鈴大作所以忍不住大吼。這段記憶真正的功能是要避免類似的經歷再度發生。

對方大吼時，你固然會感受到憤怒或痛苦，但是當你儲存和對方有關的回憶時，絕對不會只有這一小個片段。你會記得自己其實關心對方，不論是基於感謝（像是對同事和幫助過自己的人），或是更深刻的感情（像是對朋友和家人）。除了想起對方大吼而產生的恐懼和悲傷，你還可以從記憶中樞取得其他的檔案。如果對著你大吼的人是你原本敬重的上司，當警鈴引發的情緒漸漸淡去，你應該重拾原本的敬重心態，以及足以反映雙方先前互動價值的情緒。

也許你無法徹底忘記對方曾經對著你大吼，但如果你能同時回想起欣賞和敬重的情緒，也就是你一開始重視對方的原因，就能把注意力集中在自己真正想要感受的情緒。這麼做並不是在抹去或消除你的警鈴情緒，只是讓你在判斷未來要如何面對對方時，有機會全面考量自己的眾多情緒。

大多數人在面對他人時，都不會選擇重拾最佳狀態的情緒，因為我們根本不知道自己有這樣的能力，只是任由大腦警鈴主宰一切。情緒並非完全沒有規則可循。有人觸動我們的警鈴，我們自然會有所反應；不過我們也可以管理警鈴反應，方法就是回想最佳狀態的情緒，並且讓自己習慣在想到或面對這個人的同時，用你所選擇的最佳狀態情緒加以應對。

然而，如果我們曾歷經創傷，發揮情緒力量的過程會更為複雜。創傷是我們對駭人事件所產生的情緒反應，包括虐待、戰爭、貧窮等。最嚴重的創傷會留下永久的記憶，有人終其一生都無法擺脫。

針對創傷的科學研究有一項耐人尋味的發現：同一個事件對某個人可能會造成極大創傷，對其他人卻未必會造成長久影響。目睹恐怖的車禍可能會成為某人一生的惡夢，但發生車禍的當事人卻可能只是心懷感激能夠活下來，而且在日後鮮少想起這段往事。

歷經創傷的人無法立即從創傷的情緒中抽離。而且相關研究顯示，在歷經創傷之後，即便當我們自覺處於安全且受控制的環境下，思考中樞也可以重新喚出我們受到創傷當時的感受。相對地，只要你知道方法，就算在警鈴被觸發後，你還是可以喚出最佳狀態的情緒。這就是SOS的強大之處，讓你能夠專注於此時此刻對你來說最重要的情緒。

痛苦回憶的存在目的是為了保障你的安全，雖然不是什麼愉快的感受，其中卻含有很重要的兩層訊息：一是警鈴告知你要保持警覺，二是把握機會重新找回理想生活狀態的感受。請記住，這就是發揮情緒力量的關鍵。只要你夠專注，就能找回絕佳的自我控制能力，而且這還只是三種重新定位方法中的第一種而已。

第十章 實踐核心價值

在持續強化練習SOS並累積經驗的過程中，第二個需要關注的領域就是價值。大部分的人都知道什麼樣的想法對自己更有助益，舉例來說，你會選擇「我徹底失敗，我的人生根本是一場災難」，或者「我面對一個非常艱難的挑戰，讓我不得不離開舒適圈」？顯然第二種想法不僅如實描述了狀況，更讓大腦從完全不同的角度進入專注狀態。

從不同的表達方式選擇一種來呈現自己的想法，以了解或判斷自己的信念和思維模式，像這樣的決策過程就是心理治療廣泛使用的「認知行為治療」（cognitive behavior therapy, CBT）。嚴重的心理失調問題如憂鬱和焦慮，可能會把人的大腦變成負面情緒的牢籠。幸好，數以萬計的患者都因為接受認知行為治療而好轉，並且了解到自己有能力可以選擇思考的方式。

明白如何分辨有益的言語以及會導致壓力惡化的擾人想法是一回事，但能夠在感受到沉重壓力的同時維持正向的思維，這又是另一回事。你從生活經驗、效仿對象或認知行為治療所學到一切，在壓力之下可能全都會變得一無是處。

不過現在你已經了解，當壓力反應把你困在無濟於事的批判心態之中，這背後的原理究竟是什麼。其實你所具備的各種思考技能並沒有失靈，你所學到任何幫助你在經歷挫折時專注於有益想法的理論也仍然成立，只是在面對壓力的當下，你的大腦警鈴正在傳送高壓訊息至身體每一個部位，而你的思考中樞必須幫助警鈴緩和下來。

與其讓數十種支離破碎又失控的思緒在腦中亂竄，你可以選擇讓大腦專注在最能讓你冷靜下來的想法。這不是什麼魔法公式或絕地武士的心靈控制術，但可以避免讓警鈴思維佔據整個腦海。只有當思考中樞忽略警鈴思維，後者才會徹底控制大腦。所以你可以啟動思考中樞來**關注警鈴思維**，而不是試圖忽略或逃避這些想法。

但要怎麼做到呢？如果警鈴反應讓我們幾乎無法保持清晰的思緒，我要怎麼做才能讓思考中樞重返軌道？答案是FREEDOM模式中的第二個「E」：實踐核心價值。

什麼是核心價值？

如果你認為某件事很值得或很重要，那麼它對你來說就有價值；而核心價值就是你認為對自己來說最重要的事。你在生活中的思維形塑了你的世界，例如你落實回收分類，因為你認為環保很重要；你認真運動，因為你相信健康的身體是個人最重要的資產；你犧牲自己的享受，因為你更重視孩子的幸福。每一分每一秒，我們都根據自己的價值做出選擇。但大多數人並不明白這一點，只是依著周遭環境做出反應，依照警鈴和獎勵中樞的指示過活。

當我們在超市採購時買了特定的食物，或是選擇加班而不是回家和家人相處，我們並沒有意識到自己正在依循自身的價值過生活。我們沒有注意到警鈴把某個想法偷渡到腦海中，也沒有專注在真正重要的事物上。例如，你在社區聚會上看到不認識的人，於是走向對方打算自我介紹，因為你想扮演一個好鄰居的角色，也想要確保對方有被歡迎的感覺。當你漸漸走近，看到對方長得很像大學時期拒絕過你的老朋友，這時擾人的想法出現了：「這個人可能會傷害我。」你開始感到焦慮，最後決定直接略過對方身旁，轉身和認識的人聊天。

沒有人願意被警鈴思維牽著鼻子走，但是我們就是無法避免。如果我們不知道該專注在什麼想法上，情緒腦就有可能會癱瘓思考中樞。然而人體的設計非常精妙，大腦的思考中樞具備了警鈴所沒有的能力。請記得，對警鈴來說，生存是唯一目標；對思考中樞來說，學習才是唯一目標。能讓思考中樞成長茁壯的學習形式，也是最能吸引思考中樞專注的想法，就是所謂「恍然大悟」的體驗。「恍然大悟」就是釐清思緒的瞬間，不論對象是全新的事物，或是自己一直都知道但又重新發掘的事物。這個瞬間讓你對自己的核心本質產生了想法。

當你發現了自己重視的事物，思考中樞會傳送明確且正向的訊息給警鈴：「這個可以讓人生變得更好。」此時大腦中的溝通管道就會暢通無阻。核心價值能夠緩和警鈴的思維，因為這些價值代表了將每一種體驗升級的關鍵。

然而思考本身藏有陷阱。當我們探索什麼能讓自己的人生更有價值，或是什麼才真正有趣又值得學習時，很容易會和最輕鬆、最緊急或最具娛樂效果的選項混淆。這正是為什麼再聰明的人也有可能棄學習不顧，反而被替代選項吸引，最後培養出壞習慣或甚至是成癮症。

電視、電玩或手機應用程式等科技陷阱，飲食、性愛、購物、工作、拖延等衝動陷阱，或是暴飲暴食又摧吐、賭博、飲酒、用藥等更具危險性的陷阱，這一切都是從愉悅感開始萌芽，但最終卻可能發展成錯誤的價值。玩電動和喝啤酒本身並沒有錯，然而當我們開始滿腦子都只想著這些事，就會成為問題。這些行為無法實現我們的真正自我，我們卻很容易誤以為可以。逃避、衝動和成癮這些行為都有一個共同點：起初以愉悅感掩飾警鈴，最終引發更多壓力。

當思考因為習慣、衝動或成癮而偏離軌道，這中間究竟缺了什麼？或者當我們忘了人生有何意義而變得生活乏味，又是缺了什麼？想清楚自己的核心價值，思考自己如何走在正軌上並朝著信念邁進，這些想法才是讓你的世界變得更美好的關鍵。

在思考自身核心價值的過程中，警鈴和學習腦之間的合作關係會提升到最佳狀態，因此在面對壓力時，大腦並不會勾起容易引發警鈴的情緒，例如焦慮和恐懼，而是幫助你回想自己最重視的事物，也就是那些能讓你專注於正面體驗的思維。

魔法靈貓

一九二〇年代初期，就讀達特茅斯學院（Dartmouth College）的希奧多・蓋索（Theodor Geisel）開始寫作和繪製報刊漫畫，並且爭取到校內幽默雜誌《傑克南瓜燈》的主編位置，直到他違反大學的禁酒法令而被逐出團隊。他因為和朋友一起舉辦飲酒派對而受罰，學校禁止他再參與雜誌編輯的工作。但他熱愛自己創作的藝術，對年輕的蓋索來說，人生的核心價值就是創作。他並沒有因此放棄寫作和繪畫，而是將筆名改為「蘇斯」（Seuss）。

從達特茅斯學院畢業後，蓋索進入劍橋大學攻讀博士學位，希望能滿足父親對他的期望，成為一位教授。但做研究讓他感到無聊，於是他沒有取得學位就返回美國，繼續寫作和畫畫。比起讓父親驕傲，寫作和創作對他來說更有價值。當他從事的工作不符合自己的價值觀，他的大腦便發出警鈴訊號。

後來蓋索開始在《星期六晚間郵報》（*Saturday Evening Post*）等雜誌發表漫畫。在經濟大蕭條時期，他為了維持家庭生計，進入廣告業工作。不過他依然不改初衷，持續揮灑對藝術的熱情，陸續為奇異（General Electric）和標準石油（Standard Oil）等企業繪製廣告。在一九三〇年代中期，蓋索開始兼職創作童書。他的第一本作品《我在桑樹街上看到的一切》（*And to Think That I Saw It on Mulberry Street*，暫譯）被出版商拒絕了三十多次，但是他熱愛自己的作品，不停努力地尋找下一個出版商，最後終於在一九三七年出版了這本童書。

第二次世界大戰期間，蓋索為了支援國家而暫時放下童書工作。除了畫畫，蓋索也是個很有想法的活動分子。他大力支持當時美國總統羅斯福的理念，不僅為財政部繪製作品，甚至還從軍擔任動畫部門的指揮。當時的名人如查爾斯・林白（Charles Lindbergh）反對美國參戰，於是蓋索毫不留情地將這位英雄飛行員畫成鴕鳥。此外，他也運用自己的才能來訓練軍隊，例如創作出以「混亂二等兵」（Private Snafu）為主角的一系列作品，這個笨手笨腳的虛擬角色後來成為警告入伍軍人戰爭險惡的最佳教材之一。在上述兩個例子中，不論是為參戰辯護或提供支援，蓋索善用對繪畫的熱愛來實踐自己的另一項核心信念：美國有必要加入世界大戰。

戰爭結束後，蓋索搬到加州並重拾創作童書的工作。一九五四年，他從一項極具遠見的計畫中找到機會，結合自己對繪畫的熱情和主見。蓋索在《生活》（*Life*）雜誌上讀到美國兒童的識字問題越來越嚴重，原因很簡單：給孩子看的書太無聊了，讓孩子沒有學習的動力。於是蓋索以筆名「蘇斯博士」（Dr. Seuss）創作出《魔法靈貓》（*The Cat in the Hat*），全書使用的三百四十八個字之中有二百二十三個字是所有六歲小孩都知道的詞彙。

他決定以此概念為創作的基礎，寫下一系列入門讀物如《綠雞蛋和火腿》（*Green Eggs and Ham*）和《鬼靈精》（*The Grinch Who Stole Christmas*）。如今他的著作出版量超過兩億兩千兩百萬本，數億名孩童因為他的目標和信念而學會閱讀。蓋索終其一生都沒有生孩子，甚至有報導指出他根本不喜歡和小孩相處，但是他熱愛自己的創作，也熱愛運用機智幽默的圖畫和文字遊戲來發揮影響力。

蘇斯博士究竟從清晰的思緒中發現了什麼讓人人都能發揮潛力的關鍵？

核心價值與大腦

我們這一生中會不斷反思那些對自己來說最重要的經歷，並且把有意義的事物轉化成信念，從中發掘自己的核心價值。所以核心價值不會一夕之間成立，而是隨著時間慢慢浮現。例如蘇斯博士就讀達特茅斯學院時，並不知道自己有一天會成為世界知名的童書大師。他熱愛繪畫且擁有堅定的信念，但是要找到自己熱愛的事物並且一直專注投入其中，不是嘴上說說「我只要鎖定腦中冒出的第一個想法就好」這麼簡單就能做到的。如果蘇斯博士當初抱持著這種心態，在他被踢出雜誌團隊時可能早就放棄繪畫。他並沒有把自己最先接收到的觀念當作核心價值，否則他應該會遵從父親的期望成為教授。

如果你真的想要運用思考中樞的能力來學習，就不能只是相信腦中的第一個想法。當警鈴告訴思考中樞「應該要」想著什麼，或者當我們試圖達到其他人告訴我們「對的」標準，這時候我們的思考能力要不是飛快運轉，就是徹底停擺。大腦處於生存模式時，隨之產生的焦慮其實是警鈴引發的反應，目的是避免我們經歷可能對身心有害的狀況。

那麼我們的想法從何而來？想法源於感知和感受。人體的五感不僅讓我們能適應任何環境並且生存下來，也負責提供資訊給大腦，就好像同時看五部電影一樣。由爬蟲類腦將這些訊息自動調整後，會透過化學訊號和電子訊號將這些資訊傳遞至情緒腦和學習腦。接著大腦再將這些資訊組織成一系列以化學反應和電子脈衝形式組成的檔案，我們的想法就是由此而來。

大腦的不同區塊會以不同方式參與這個轉譯過程，參與其中的當然不只我們在解析壓力反應時特別提到的那幾個區塊，但它們確實扮演了關鍵角色。

警鈴會引發生理感受，而感受會變成情緒。根據科學家的發現，帶有情緒的想法會在我們的記憶中留下長久的印象。充滿情緒的想法令人難以忘懷，即便有時候我們寧願自己不要有這種特別的想法，它還是會緊抓住我們的注意力久久不放。簡單來說，當我們的腦中不停重播同一首歌，或是某個廣告讓我們每次去超市時都會想要買餅乾，背後的原理就是如此。

比較嚴重一點的例子，像是有人說的話傷害了我們，讓我們無法輕易忘掉這個人和這些話，甚至因此產生創傷，讓我們認為自己毫無價值。幸好，帶有情緒的想法也可能帶來正向的影響，例如振奮人心的演講，或是當我們幫助他人完成對他們來說非常重要的事，我們終其一生都會因為這些話語或這件事而受到啟發。

不過有意識的思考又是如何成形的呢？答案顯而易見：一定是由大腦的思考中樞接收到情緒脈衝後形塑出具體的想法。不過在思考中樞發揮這項功能之前，還需要有感官和情緒資訊以外的要素，那就是言語。

言語是大腦用來表達身體知覺和情緒腦感受的方式。言語並非來自大腦的思考中樞，而是情緒腦和學習腦之中的多個區塊同心協力產生的成果。話雖如此，形成言語的真正關鍵在於記憶中樞。

記憶中樞負責和頂端皮質的各個區塊溝通，就像圖書館員從各個書架上找出正確的書。此時資訊還沒有變成言語的形式，比較像是無法完整表達的記憶。當大腦正在處理這個階段時，你應該有過這種感受：你的直覺告訴你自己知道某件事，但你卻無法找到適當的言語來表達那是什麼。根據大腦科學的研究顯示，當我們在尋找某個想法，記憶中樞會搜索儲存在大腦各處的零散檔案，以找到我們需要的資訊。如果我們還不知道這個想法是什麼，搜尋的過程就會由警鈴和獎勵中樞來負責，它們會指揮記憶中樞去找出與潛在問題和愉悅感相關的資訊。

在我們釐清思緒之前，記憶中樞取出的檔案多半是根據警鈴和獎勵中樞產出的情緒而挑選出來的。如果警鈴發出的訊號讓你感到不耐、無聊、難過、焦慮或憤怒，你就會比較容易想起過去讓你有這類感覺的人事物或情況；如果獎勵中樞接收到的是正向資訊，當下你感覺到快樂又滿足，就會比較容易想起愉悅的體驗或想法。

然而這裡有個小小的弔詭之處：當獎勵中樞沒有獲得其仰賴的化學傳導物質（以多巴胺為主要成分），警鈴就有可能被觸發並產生強烈的反應，例如無法抑制的渴望。此外，當警鈴和獎勵中樞同時喚出記憶時，前者向來比後者強勢。所以如果警鈴發送無聊和挫折的訊號，就算獎勵中樞希望你從生活中找到一些刺激感，記憶中樞還是比較有可能會取出關於無聊或挫折的檔案，而不是刺激或愉悅。

因此，幾乎都是警鈴訊號形塑我們腦中第一個浮現的想法，尤其是當你感受到壓力時更是如此。然而這些其實都還只是不完整的想法，只是殘存的記憶，而且這些記憶也未必是你當下真正的想法，只是剛好符合警鈴此時感受的舊想法。嚴格來說，**這時候你根本還沒開始思考**，大腦只是靠著符合當下感受的情緒和記憶在運轉，這也可以說明為何人很容易重蹈覆轍。我們會反射性地想起過去，而不是主動的思考，當然也就無法產生清晰或有創造力的想法。

不過你可以做得更好，畢竟大腦內部會有個思考中樞自然有其道理。情緒可以分為兩種類型——警鈴情緒和最佳狀態情緒；想法也一樣。警鈴思維相對而言比較固定、不靈活，因為這些想法是過去的問題或危險殘留下來的記憶，也因此警鈴思維會刺激大腦繼續往體內注入腎上腺素，導致你在生理上感受到壓力，甚至還有可能導致情緒崩潰。另一方面，最佳狀態思維足以表達出你的核心價值，並且讓思考中樞和警鈴之間的溝通順暢無阻。

啟動思考中樞，搞清楚你的大腦正在產生哪一種類型的想法，你的自我控制程度也會隨之提升。當你能夠釐清自己的最佳狀態思維為何，就能順利緩和警鈴，因為警鈴可以確定你已經知道此刻最重要的是什麼。找出自己的最佳狀態思維，也就是核心價值，雖然沒辦法在一夕之間達成，不過請務必記得，只要持續思考對自己來說最重要的東西，總有一天能找到。

越演越烈

很多人之所以會陷入負面思考，是因為我們的生活方式被爬蟲類腦和情緒腦綁架。我們曾經從一位客戶口中聽到以下的故事，當時她正在學習如何在一整天忙碌過後緩和自己的情緒起伏。

愛蜜莉下班回到家總是又累又餓，不過也讓她充滿期待。她的丈夫是家庭主夫，某天在愛蜜莉準備回家時接到了他的來電，說他準備了她最愛的晚餐。這時她腦中出現了最佳狀態思維：「他真的很愛我。」

愛蜜莉要下車時，順手拿起早上帶的咖啡杯，並且從駕駛座下拎起皮包。下車之後她打開後車廂，拿出公事包和乾洗衣物。接著當她轉身要關上後車廂時，皮包突然從她的肩上滑落到她的手肘上，導致她手中的馬克杯飛向空中，翻了好幾圈後「碰」地砸在水泥地上。

馬克杯是金屬材質，可能不會被撞凹，不過愛蜜莉的警鈴還是因此被觸發了。起初她感受到輕微的警鈴情緒——煩躁。但是當她接著冒出以下的想法，情緒就漸漸失去控制：「要是我老公有工作，我的生活就不會壓力這麼大了。」典型反應開始出現，強烈的警鈴情緒竄過全身。她感到憤怒，忍不住想要把手中的皮包丟出去。才沒多久之前，愛蜜莉還很快樂，很感恩一回家就有心愛的丈夫和美味的晚餐在等著她。現在的她心情一團亂，忍不住想對著丈夫發脾氣，抱怨他有多失敗。

以上例子完美示範了警鈴思維如何讓我們從冷靜、快樂的狀態陷入情緒潰堤的危機，像是感覺到盛怒、挫敗或厭惡。就是在這種時刻更需要想起我們的核心價值。即使一切感覺正在分崩離析，愛蜜莉還是愛著家人。度過漫長的一天之後，突如其來的馬克杯事件揭露了愛蜜莉疲憊不堪的事實，她的爬蟲類腦渴求食物，警鈴則高聲警告她必須做出改變。但其實她自己明白，她的疲勞和付出是為了家人。

當我們面臨這樣的時刻，可以執行SOS來跳脫現狀，重新定位在一個簡單的想法：「我愛我的家人。」沒有人會想要怒氣衝天地走進家中，但是千萬別對自己說：「不要生氣。」你當然應該生氣，你又累又餓，而且人生有時候真的很難。不過你可以跳脫現狀並重新定位到「我愛我的家人」這個想法，來阻止情緒潰堤。

這些詞彙會激發你的學習腦，讓思考中樞知道你現在需要什麼：能夠證明家庭成員對你來說有多珍貴的想法、感受和畫面。如此簡單的認知就足以啟動思考中樞，立即要求記憶中樞從大腦中準確找出上述的這些想法、感受和畫面。也許你還是需要處理警鈴引發的情緒和想法，但現在你握有核心價值的力量和支援，也就是對家人的愛，這有助於你感受到希望、清晰思考，並且做出最理想的決定，而不只是覺得充滿壓力。

如果你已經完成SOS的自我檢查步驟，卻發現自我控制程度低於所需，這不代表核心價值沒有發揮作用，也不代表你選錯了核心價值，或不夠努力讓大腦重新定位到這個核心價值。這只是意味你需要更多時間——也許只要再幾分鐘，不過有時可能會花上更長的時間——讓思考中樞完全專注於你所選擇的核心價值。或者也有可能，你還有其他同等重要的核心價值，甚至感覺它們在此時此刻更為重要，因此你需要同時實踐多個核心價值，才能達到你需要的自我控制意識。

請記得，想要真正達到最佳的自我控制狀態，並非取決於你採用什麼「做法」來直接面對壓力，而是**你選擇什麼「想法」做為指引**，才能賦予自己真正的自我控制能力。當你遵循核心價值的指引，雖然可能還是會感受到很大的壓力（如果警鈴不停告訴你有危險或威脅），但你有把握無論選擇哪一種方法，總會有一種方法能在應對壓力的同時實踐自己的核心價值。

我們的客戶在運用SOS重新定位核心價值時，最初幾次還無法有效緩和壓力，不過她並沒有放棄。畢竟放棄是一種毫無益處的警鈴反應，而不是最佳選項。於是她持續專注於自己最重視的想法，結果在幾週之內，一旦出現壓力反應，她的自我控制意識就會發揮作用，讓警鈴緩和下來，壓力反應也會漸漸退去。

每當她把車開進車庫，都會想著自己即將和丈夫及孩子共進晚餐。無論那一刻她感覺到多麼強烈的壓力反應，她都會想著：「我愛我的家人。」在充分練習之後，核心價值成為每晚引導她專注的目標，也成為平靜與希望的源頭。壓力反應並沒有從此消聲匿跡，但現在她有新的應對方法，有效處理警鈴發出的焦慮訊號，而不只是咬牙切齒。她知道無論警鈴反應多激烈，她都可以選擇專注於自己的想法。

練習實踐核心價值

知名藝術家、商界人士和許多公眾人物每天都在實踐自己的核心價值，並不是所有人一開始就能獲得成功，他們一定也努力練習、耕耘了很長一段時間。德蕾莎修女（Mother Teresa）之所以走出修道院，在加爾各答街頭照顧窮人，是因為她覺得自己必須和那些需要幫助的人一起生活。起初德蕾莎修女並不是什麼名人，也沒有什麼支援，要幫助這麼多受傷的人，壓力想必大到讓她的警鈴高聲作響。不過隨著累積的善事越來越多，媒體聞風而來，關注與批評也隨風而至。在德蕾莎修女的人生晚期，由於她創辦的孤兒院環境不佳以及處理捐款的方式有爭議，遭到外界嚴格檢視，但她並沒有因此而停下腳步。德蕾莎修女依然專心為窮人提供協助，如今有四千名修士和修女繼承她的遺志。

另一個實踐核心價值的例子來自美國維吉尼亞州的約翰・梅利亞（John Melia）的親身經歷。一九九二年，他在索馬利亞遭遇直昇機意外而身受重傷，後來他於二〇〇二年和親友一起創辦了「傷殘軍人計畫」（Wounded Warrior Project），希望能確實補足受傷退役軍人的需求與政府提供的協助之間的落差。如今他的組織已經幫助數千名在戰爭中受到生理和心理創傷的軍人重獲新生。

梅利亞和數以萬計的退役軍人一樣，體驗過極端壓力反應帶來的衝擊和恐懼，畢竟這對經歷過戰爭的人來說很常見。他理解戰爭對軍人造成什麼樣生理和情緒上的傷害，於是他致力協助軍人治癒這些創傷。梅利亞沒有任由創傷主宰自己的人生，也沒有放棄自我控制，而是實踐自己的核心價值——對同袍忠誠，並且盡力讓他們看見希望。以上例子說明了實踐核心價值如何為我們帶來平靜，以及壓力如何賦予我們能力，為身邊的人做出無價的貢獻。

警鈴思維並非壞事，也沒有和最佳狀態思維互相對抗。警鈴思維是最佳狀態思維很關鍵的一環，事實上還能超越安全和生存的層級，為我們指引核心價值的方向，提供有力的證據幫助我們理解其他對自己同等重要的核心價值。警鈴之所以讓我們的腦中充滿想法，不只是為了避免陷入危機，同時也在提醒我們當下的想法和我們一直抱持的信念不符。舉例來說，當我們在煩惱自己是否該信任他人，這其實是必要的過程，提醒我們應該思考：這個人真的對我有興趣嗎？對方真的是可以信任的人嗎？像這樣專注地思考，就是喚醒自己並且為生活創造新選項的好方法。

伊斯蘭教有五功（Five Pillars），猶太基督教有十誡（Ten Commandments），每個人也都擁有一個以上的信念做為人生的指引，不過在這些信念中一定有個第一順位。我們希望你在開始學習實踐核心價值之前，可以先辨識出自己最重視的價值，因為如果你不清楚人生真正的原動力為何，很容易就會感到困惑而掉回警鈴世界。

請在一張紙上列出足以定義你的五種價值，也就是你最珍視的信念，不論是想法、地點或對象都可以。從我們的客戶或研究資料搜集來的答案，最多人選擇的是家人，畢竟我們都希望家人平安健康、無憂無慮。然而將家人擺在第一順位的這些人之中，有許多人深受成癮或虐待問題所苦，而且通常會優先選擇工作或其他好處，而不是花時間陪伴家人。現代生活的巨大壓力和忙碌步調一旦觸發警鈴，我們很容易就會掉入陷阱。

其實在每一個觸發警鈴的思維背後，都有與其對應的最佳狀態思維，能夠代表你真正的想法以及內心深處最相信的價值。如果能夠從警鈴思維中辨識出這些最佳狀態思維，你就會覺得一切都在掌控制中，也會覺得人生有價值。

現在請再次檢視你的清單。你可以從另一種角度來思考自己的核心價值，想一想你願意為其中哪一項犧牲最多。你願意為了哪一個信念每天工作二十個小時？你願意為了哪一個信念付出所有財富？你願意為了哪一個信念犧牲生命？

我們迫使你用這些極端的角度思考，是希望你能意識到，就算那些對你來說最最重要的人事物有可能危及你的生命，你也不會因此情緒崩潰。思考中樞一定會帶領你度過危機，前提是你的思維和選擇必須要符合你的核心價值，思考中樞才能發揮應有的功能。當你以核心價值作為指引，思考中樞就能與警鈴合作，讓你的思緒清晰到足以感受並進入自我控制的狀態，即便當下你的身體正在大量分泌腎上腺素，以開啟所有因為警鈴而啟動的生存系統。

只要我們專注在自己最重視的核心價值，就不必受壓力反應擺布。運動員熬過比賽當下的壓力，醫生執行攸關生死的大型手術，教師一天教七堂課也能善用課堂時間啟發學生，這些都是在壓力下實踐核心價值的實例。就算警鈴正在發送激發壓力反應的訊號，這些人仍然能落實人生中最重要的理念。

那麼，你內心最深處的核心價值是什麼？

請圈出你的答案。

現在請執行SOS：跳脫現狀，重新定位到你圈選的價值。現在你的壓力指數是多少？自我控制程度又是多少？

當我們想著對孩子的愛，或是想著改善社區，或是享受自己的工作，警鈴就會緩和下來。因為這時警鈴知道大腦正專注在自己最重視的事物之上，它已經不需要擔憂任何事。

當我們處在極端壓力下，通常不太可能立即重拾最佳狀態思維，來抗衡像是「我真是一敗塗地」這樣的警鈴思維。實踐核心價值的祕訣就在於趁著比較沒有壓力的時候練習自我反思，定義自己的核心價值。如此一來，當你發現自己身陷壓力之中，你的大腦會明確知道該怎麼做選擇，不會只是讓你重新想起負面情緒。只要釐清自己的核心價值，即使腦中警鈴大作，你仍然可以保持專注在自己真正重視的事物上。

為什麼正向思考有時會失靈？

如果你現在的心態並不正向，最糟糕的警鈴應對方式就是試圖讓自己「正向思考」。在這個時間點逼自己想著「我對自己的生活很滿意」，實在是不怎麼實際的做法。如果你剛剛被診斷出得到重病，或是失業，或是和深愛的對象分手，腦中的警鈴肯定響個不停。警鈴為了避免你受到傷害，在你遇到困境或感到痛苦時會讓你的體內充滿各種激素，確保你能記住這一刻，並且再也不想經歷第二次。

如果我們試著說服大腦一切沒事，極力拒絕承認明顯的危險訊號，警鈴就會更努力地保障我們的安全。因為警鈴知道我們無法掌控情況，所以它要採取行動保護我們，就算要防著我們自己也在所不惜。最後的結果就是：面對負面經驗時，我們越是努力「正向思考」，感受到的情緒越負面。

只有當正向思維能真正反映你的核心價值，正向思考才會有用。請記得，如果要順利完成實踐核心價值的步驟，首先必須要辨識出警鈴情緒和警鈴思維，當然還有各種觸動警鈴的導火線。此外，你的正向思考不能只是一個簡單或渺茫的希望。

正向思維通常不會讓我們感到更快樂、更冷靜或更受控，因為這些思維其實是經過偽裝的負面（警鈴）思維。舉例來說，「現在對我來說最重要的就是擺脫這團混亂」，這個想法雖然是以最佳狀態思維的用語（「對我來說最重要的就是」）包裝，事實上卻是一種警鈴思維。這句話的重點還是解決問題或熬過困境，而不是思考人生的意義和價值。警鈴思維的目標是安全和解脫，而最佳狀態思維的目標則是讓你記起人生的價值，以及你在人生中最珍視的事物。

如果要實踐核心價值，你選擇專注的想法一定要以自己真正在乎的事物為出發點。例如面對健康危機時，「我絕對會沒事」這種想法並沒有辦法緩和警鈴，「我相信醫生會幫助我痊癒」才是有助益的想法。如果你失業了，對自己說「再找別的工作就好」可能會引發更多壓力，而想著「我很期待接下來的挑戰，我要換個新環境來發揮自己的能力」會比較有幫助。當然，如果你不信任自己的主治醫師，或是一想到要找工作就厭煩，以上的想法就不太適合你。不過這些想法是很好的例子，幫助你理解什麼樣的念頭可以緩和警鈴。

在綜藝節目《週六夜現場》（*Saturday Night Live*）中，有個以心靈成長大師為原型的惡搞角色叫做斯圖爾特・斯莫利，他總是會在表演結尾時說：「我已經夠好了，我已經夠聰明了，真討厭，大家都喜歡我！」這一段話之所以這麼好笑，是因為我們通常都覺得自己不夠好、不夠聰明或不夠受歡迎，以至於沒辦法做到真正想做的某些事。但其實我們做得到。

有效的正向思考是把重點放在自己最重視的目標上，而不是讓你警覺或覺得必須避開、逃離或解決的事物。當我們專心想著那些讓生活有動力的目標，正向思考才會發揮最佳效果。

在下一章，我們要教你如何分辨警鈴目標和最佳目標，來幫助大腦更加專注。

第十一章　制定最佳目標

接下來我們會透過SOS練習第三種達到專注狀態的方法，也就是關注你的目標。只要每天經常關注自己的目標，而不是有空才進行反思練習，你就可以選擇自己想要的生活體驗。大腦警鈴在做出反應前並不會先停下來思考，舉例來說，如果有一頭熊在追你，警鈴會要你逃跑或裝死，因為它的唯一目標就是保障你的安全。根據野外求生專家的建議，如果遇到灰熊應該要裝死，如果遇到黑熊或棕熊則應該要儘量往高處爬，假裝自己比牠更高更強大。但事發當下誰有時間思考追趕自己的是哪一種熊？此時若選擇了錯誤的反應方式，結果可能不堪設想。

有時我們必須得在緊急的當下迅速擬定目標，但問題在於壓力會導致大部分人把真正想要的東西放到一邊，先緩解壓力再說。在這種情況下擬定目標是為了活下去，而不會是關注對自己最重要的事物。在面對立即的危險時，生存固然重要；然而絕大多數時候，我們需要的不僅僅是生存，而是生活。

透過關注警鈴情緒和最佳狀態情緒，你可以發揮情緒力量；透過關注警鈴思維，進而專注於能反映你人生中最重要事物的思維，藉此實踐核心價值。FREEDOM模式中的「D」，代表你需要制定最佳目標。

什麼是目標？

目標是為人生帶來成就感的要素。目標可以只屬於自己，也可以與他人共有；可以是你想要日復一日擁有的體驗，或是總有一天要抵達的高度；當然也可以是一種感覺、物品、人際關係或想法。無論是哪一種目標，都明確代表了你希望在將來達到的狀態，而且你願意付出時間與精神追求這個狀態。

目標和情緒、想法一樣分為兩大類：反射性的警鈴目標以及專注狀態的最佳目標。每一種情緒和想法都會導向某個目標，無論我們有沒有意識到這一點。當你運用SOS讓大腦進入專注狀態，你的目標將可以兼顧警鈴的需求（安全、保障、解決問題），以及你基於理想狀態和核心價值所追求的能力和成就。

我們可以從童年找到警鈴目標最典型的例子。每個人小時候幾乎都曾說過這句話：「我要離家出走，再也不回來了。」當時觸動警鈴的衝突可能只是一些小事，例如大人不讓你吃餅乾，也可能是嚴重的事件，像是家庭衝突造成的創傷，不論是哪一種情況，其反射性目標都一樣：遠離這混亂的一切，展開新生活。

當你意識到這是一個反射性的目標，思考中樞會隨之啟動。你可能還是會有情緒化的反應，但你的思考中樞已經開始專注，判斷最終要選擇生存還是理想的生活。我們傳授給你的每一種技巧，說到底都是為了要讓學習腦和生存腦之間的溝通管道暢通無阻。在你發現某個目標引發壓力反應的那一刻，你就掌握了先機，可以把注意力集中在另一個更接近最佳狀態的目標。

最佳目標就是你為了打造理想人生所追求的希望和夢想。當你專注於這些目標上，你的身體並不會充滿腎上腺素。這並不代表如果你是登山家或賽車手，你從事的活動本身不會用到生存腦，而是當你思考自己需要什麼時，最佳目標會讓你擁有高度的自我控制，即便腎上腺素爆發，你也能持續集中注意力；即便當下感到不適，你也清楚知道自己正在做什麼並且明白其價值。

登上世界頂端

一九八二年，馬克・英格斯（Mark Inglis）和他的登山搭檔菲爾・杜勒（Phil Doole）受困在庫克山上的一處冰洞，一連串詭譎的風暴導致兩人受困超過十三天之久。這座山是紐西蘭的最高峰，紐西蘭原住民稱之為「雲之巔」，庫克山則是英國人為了紀念第一位來到紐西蘭調查的船長而取的名字。

英格斯從小就夢想成為登山家，十一歲時就立下目標要征服聖母峰。一九七九年，二十歲的他以登山搜救員的身分展開職業生涯。當其他人問起為何要成為登山家，他會開玩笑地說：「我很不會打橄欖球，在紐西蘭沒有其他事可做了。」和首位登上聖母峰的艾德蒙・希拉里爵士（Sir Edmund Hillary）一樣，英格斯想要用盡餘生登遍世界的山峰，並且把世界最高峰當作自己的最佳目標。

英格斯和杜勒獲救之後，兩人都猜想自己可能因為凍傷而必須切除幾根腳趾，不過他們覺得這樣還算是幸運的了。一個月後，英格斯在聖誕節前一天被送進手術室，結果在聖誕節當天早上，他醒來發現自己失去了膝蓋以下的雙腿。請想像那天他的警鈴會有什麼反應。他這一生的夢想就是要登山，但現在他失去了雙腿。

後來英格斯成為釀酒師和滑雪運動員，甚至在二〇〇〇年的身障奧林匹克運動會奪得自行車項目的銀牌。但這些都不夠，他無法忘懷從十一歲起就定下的最佳目標。歷經二十四年難以想像的訓練和準備，英格斯在二〇〇六年五月十五日成為首位雙腿截肢登上聖母峰最高點的登山家。

一個人為什麼會願意為了一個目標，花二十四年的時間訓練、測試裝備，並且面對在登山過程中超乎想像的挑戰？登上聖母峰總共費時四天，在海拔較低的一段登山路線上，英格斯的其中一隻義肢因為跌倒而損壞，他只能用基地帶來的剩餘封箱膠帶修補。

最佳目標讓我們有能力吸收來自警鈴的所有資訊，包括難以想像的痛苦和貨真價實的危險，幫助我們持續專注在讓人生圓滿和有價值的體驗上。真正專注的大腦會運用腎上腺素和警鈴的能力，也就是能夠把汽車從孩子身上抬起的力量，來達成看似不可能的目標。

在紀錄片《聖母峰：攀越極限》（*Everest: Beyond the Limit*）中，英格斯和團隊遇到了另一位登山家，而那天的最後對方不幸在聖母峰遇難了。在極度疲勞又缺乏氧氣的情況下，他們每個人的警鈴想必都在高聲作響。但是英格斯的目標非常明確，就算經過其他登山者曾經喪命之處，他還是能夠振作精神繼續往前。不論是大腦的任何一個區塊，都會放聲警告英格斯這樣的行為太過瘋狂，但是他的目標從孩提時代就開始指引著他，最終帶領他登上世界頂峰。

目標與大腦

目標有什麼功用？

目標的好處在於能讓我們的生活更有組織，並且幫助我們發揮潛能。這是一般常見的答案，也是大家都知道的答案。不過我們的回答有點不太一樣，而且可能出乎你的意料：以大腦的角度而言，目標定義了我們是誰——**目標就是自我認同**。當我們的目標能夠反映自身核心價值以及應對生活壓力的方式，並且成為我們思考和行動的依據，我們就能建立足以抵擋外界壓力的自我認同。

沒有目標，我們就只是爬蟲類腦和情緒腦的綜合體，對周遭環境的任何刺激做出直覺反應。這也是為何青少年會不斷嘗試各種的自我認同，就像換戲服一樣。從青少年到成人的這段成長過程，藏在內心最深處的個人目標將會構成記憶中樞的核心檔案，進而推動學習腦的成長。成人對於自己的自我認同比較篤定，也許我們的人生目標會隨著時間進化或改變，但並不會因為遇見新的人事物或挑戰就整個打掉重來。自我認同的核心奠基於我們的根本價值觀，然後衍生出目標，引導我們每天專注於重要的事物。

建立在警鈴目標之上的自我認同只會引發壓力，因為警鈴目標無法指引我們朝著真正理想的自我邁進，而是把我們推向自認應該扮演的角色，以便逃避問題或滿足癮頭。警鈴目標會導致我們用短暫滿足或長期問題來定義自我，這兩者不僅是滋生壓力的溫床，還會讓我們打從心底認為自己一事無成。

舉例來說，如果你把生活重心放在收看特定的電視節目，或是關注某位名人生活的一舉一動，久了之後，原本正常的興趣和關注可能會演變為沉迷狀態，這就是警鈴目標的極端結果。事實上，所有的成癮行為都是源於日漸膨脹的警鈴目標。最後警鈴掌控了我們生活，渴求和著迷則定義了我們的自我認同。

覺得自己**必須**做什麼，或是**必須**遠離某人或某事，這就是我們可以掌握的第一條線索，來判斷自己是否受困於警鈴目標附加的惡性循環中。此時的我們任由警鈴左右我們的目標，而越是努力想達成這些目標，壓力就越大。這也是為何達成警鈴目標後，我們通常不會有什麼滿足感，畢竟這些目標要我們追求自己缺乏的事物，或是逃避自己恐懼的事物，和我們人生真正需要或重視的事物無關。

作家瑪格麗特・愛特伍（Margaret Atwood）曾提出「免於的自由」（freedom from）和「追求的自由」（freedom to）兩者間的差異，我們可以借用這種方法來分辨警鈴目標和最佳目標。愛特伍的意思是，當我們的目標是避開某件事或從中保全自己，我們會一直處於防衛狀態；相對地，當我們可以自由追求自己真正重視的事物，這才是真正的自由，這時我們才能超越逃避痛苦和尋求愉悅感的境界。

最佳目標可以引導我們邁向真正的自己和理想的自己，它象徵著我們的信念、價值和希望，也就是美國前總統林肯所形容的：「人類本性中天使的那一面。」重新定位至最佳目標，不代表生活就毫無壓力或失誤，但絕對會讓你在回顧一天辛勞之際感覺到一切都值得。

更頻繁且規律地專注於足以反映自身價值的目標，思考和記憶中樞就有機會抗衡源自警鈴目標的壓力，同時兼顧大腦警鈴試圖保護我們或幫助我們立即獲得獎勵的好意。例如最佳目標可能是享受最愛的食物這般平凡但對我們來說很重要的選擇，也可能是讓孩子有機會自由選擇未來這般重大的決定。

以最佳目標定義自我認同，不僅讓我們基於自身的努力以及他人對我們的想法和感受來建立自我，也讓我們能專注於自己認定的真切而重要的人生目標。儘管每個人的自我認同都不一樣，但人人都可以實現。

長期目標與立即目標

假設你的夢想是成為主廚並且開一間米其林星級餐廳，但是目前你只會煮盒裝的起司通心粉。你看了烹飪節目後滿心期待，想讓自己的生活圍繞著美食，並且立志成為頂尖主廚，於是你報名了烹飪課，想測試一下這個想法是否可行。幾年後，你已經把《烹飪的樂趣》（*Joy of Cooking*）[1]裡的每一道食譜都做過了一遍，大廚之夢仍然在你的腦海裡揮之不去。你已經準備好放下現在的工作，朝專業廚師邁進。你的目標依然是開一間可以贏得米其林星星的餐廳，這間餐廳就是你的長期目標。

歌手的長期目標可能是在大都會歌劇院開演唱會，對棒球選手來說可能是進入大聯盟，對教授來說可能是取得終身教職，對作家來說可能是出一本暢銷書。長期目標就是我們想要征服的頂峰，是我們想在將來擁有的體驗。當我們夢想著長期目標，警鈴並不會因此作響；這類目標給大腦思緒提供了可以恢意遊蕩的空間，就像搶先體驗到一點點登上頂峰的愉悅感。

長期目標通常結合了警鈴的恐懼擔憂和引導思考中樞的核心價值。一開始你會比較容易注意到其隱含的價值，不過你的警鈴可能會突然發送焦慮訊號，質疑你是否有可能達到目標，這種時候你也不需要太驚訝。警鈴並不希望我們失敗，所以它才會用擔憂或害怕來督促我們找出那些可能阻礙夢想成真的因素。

這正是為什麼我們需要立即目標。傑出廚師都是從一遍又一遍的基本訓練開始：刀工、調製醬料，或是將肉和蛋烹煮到要求的熟度。如果廚師在切蘿蔔絲的同時想著如何才能獲得米其林星星，很可能會切到手指。如果二廚在工作期間不停談論自己將

---

1 美國出版量最大的食譜書之一，自一九三六年出版後不斷再版。

來會成為摘星主廚，而沒有善盡職責做出完美的料理，就永遠不可能學到頂尖大廚真正的技能和鑑別力。

立即目標有助於我們專注在當下，並且讓警鈴保持在受控狀態。立即目標會將警鈴提供的資訊納入考量以確保安全，幫助我們察覺眼前的機會，同時兼顧我們最重要的核心價值。在每一個立即目標當中都蘊藏著更深層的價值和寄望，也就是我們的長期目標——如果我們觀察得夠仔細的話。其實立即目標直指的正是我們在將來實現長期目標時真正需要的東西。

為何延遲享樂如此困難？

當我們的大腦專注於立即目標以滿足長期目標的條件，可能會導致延遲享樂變得很困難。研究人員在數十年前證實了人類千年以前就懂得的道理：如果要在可以立即獲得的小獎勵和必須延後獲得的大獎勵之間選擇，我們幾乎都會選擇眼前的快樂。這其實算是聰明的選擇，畢竟當你很肯定現在就能獲得獎勵，有什麼理由要等待可能永遠都得不到的東西？

為什麼有些人能持續努力，堅持尋求遲來但更豐厚的獎賞，但對某些人來說，立即享樂卻是如此具有吸引力又難以抗拒？基因和個性當然會有影響，不過研究顯示，延遲立享樂的關鍵在於是否有意識到那份更豐厚的獎勵。

在各項研究中，當心理學家提供實驗鼠立即的小獎勵，例如吸一小口糖水或吃一小球食物，老鼠一定會選擇立即享樂，而不是比較更多但需要等待的獎勵，除非實驗人員頻繁提示老鼠還有更好的獎勵在後頭。實驗鼠學會特定的提示之後，例如籠子的燈號亮起表示還有更大的獎勵，就會停止尋找小獎勵，並且開始進行任何為了獲得豐厚延遲獎勵而必須做到的事。

人類的自我控制能力優於動物，至少大多數時候是如此，但是我們卻經常忘記人生中更有價值的獎勵。我們通常會選擇做比較容易或比較快樂的事，就算這些事對於實現目標沒有太大幫助。或者我們會讓大腦一直處於過度警覺的狀態，以至於整天忙著避開威脅或傷害。那麼誰能幫我們打開提示燈號，讓我們記得人生的價值不只有暫時的放鬆或眼前的小確幸？

專注於最佳目標的關鍵在於警鈴、記憶中樞和思考中樞的合作，不論是立即或長期目標都一樣。當我們做出衝動的決定或選擇，例如用飲酒過量來逃避工作上的問題，這些都是源自大腦警鈴。

任何延遲對警鈴來說都長到無法忍受。請記得，警鈴的功能永遠是處理眼前的狀況，因為它無法分辨過去、現在和未來。一旦獎勵中樞發現某件事很吸引人或惹人厭，就會通知警鈴立刻喚醒身體。如果某個獎勵可以緩和警鈴，警鈴自然會迫切地想要立即獲得，即便這個行為和我們的最佳目標相衝突。

我們可以採取的替代方案是先設定自己的最佳目標，並且有意識地專心想著這些目標。因為只要讓大腦專注於最佳目標，就能緩和來自獎勵中樞和警鈴的衝動訊息。當思考中樞了解對你來說最重要的目標是什麼，就像在頭上打開了一盞明燈，突然間，你的反射性需求變得微不足道。

練習分辨警鈴目標與最佳目標

也許你已經理解SOS的主要用途是釐清思緒和情緒，不過這只是起步而已。能夠分辨警鈴或最佳狀態的情緒和思維，表示你已經準備好採取下一個關鍵步驟：將這些感受和思維轉化成目標。

最佳目標的基礎應該是需求而不是渴望。大多數人都想要成為百萬富翁（也許在這個時代要有十億才能稱得上是富翁），但我們需要的不只是成堆的鈔票，還需要安全感、成就感和滿足感。金錢看似獲得快樂和尊嚴的保證，然而實際上，金錢只是達到快樂或尊嚴等最佳目標的助力。

最佳目標是那些讓我們感到滿足的獎勵或成就。只要你在執行SOS時問對問題——在我**已經擁有的事物**中，什麼才是我所需要並且能讓我的人生圓滿、有價值的東西——你就有可能辨認出自己的最佳目標。

現在來試試看吧！請記得，在沒有壓力時練習SOS，大腦才有辦法學會在警鈴作響時自然而地應對壓力。

首先是跳脫現狀。深呼吸幾次，或是閉上雙眼聆聽。

現在把注意力集中在你所擁有而且能讓你的人生富有意義的事物。

你選擇重新定位在什麼樣的想法？

這時通常會浮現兩種目標。一種是來自警鈴的目標，類似「我必須要受歡迎」或「我必須比其他人更聰明或更成功」。如果你的目標是「我必須放棄這份工作或這段關係」，這也是值得考慮的重要目標，但只是你人生中缺少或出錯的部分，而不是能賦予你意義或價值的目標。這些想法只是警鈴目標。

再次清空你的思緒，重新集中注意力在你真正重視而且**已經擁有**的事物。這些事物帶給你幸福、自重、自信和希望，並且讓你的人生很有價值。專心想著你**還需要哪些你已經擁有的事物**，也許是時間、練習的空間、放慢步調——從中選一項能讓你的人生更豐富的，例如：

- 一段讓你們彼此都深深感受到深刻愛意、友誼或尊重的關係
- 一個讓你沉浸其中、興致勃勃，而且能收穫滿滿成就感與滿足感的活動
- 存在於藝術、運動或大自然中的某項要素，當你聽見或看見它時能感受到深刻的愉悅和滿足

重新定位到最佳目標後，請注意自己的壓力指數發生了什麼變化，並用一到十來衡量。接著再注意自我控制程度有什麼變化，同樣用一到十來衡量。你的壓力指數未必會有波動，但是當你清空思緒並且完全專注於最佳目標，自我控制程度一定會上升，即便只有一點點。這是因為你用最強大也最全面的方式啟動了大腦的思考中樞。

運用SOS鎖定最佳目標之後，你就能釐清真正的自我認同。啟動記憶中樞的目的不只是找到目標，還要讓目標更明確，讓你在未來需要時更容易想起你的最佳目標。

經常進行這樣的SOS練習，你就會更了解自己是誰。成功將大腦調整到最佳狀態後，當警鈴開始作響，你的大腦就會開始執行兩項新任務。首先，警鈴會啟動思考中樞。要怎麼辨別這一點呢？剛開始你會發現腦中出現這樣的念頭：「我知道自己的警鈴被觸發了，我應該要注意自己的需求和渴望。」如果你有充分練習執行SOS，最後就會習慣成自然，這時出現在腦中的念頭就會變成：「現在我該專注在什麼想法上，才能運用我的核心價值來引導自己？」

接下來，思考中樞會啟動記憶中樞。以前通常是警鈴來啟動你的記憶中樞，這也是為何大多數時候，佔據你腦海的都是引發壓力的感受、畫面和思緒。因為思考中樞無法介入來幫助記憶中樞擺脫警鈴喚出的檔案，也無法輔助記憶中樞搜尋並找到符合最佳狀態感受、思維和目標的回憶。

不過，現在你已經明白，專注於最佳目標，就是**專注於自己已經擁有且能讓人生有價值的事物**。這麼做可以督促思考中樞介入，對記憶中樞發出更強烈的訊號來平衡警鈴的需求：從大腦檔案中找出超越問題本身或生存層次的重要價值。最佳目標會引導記憶中樞找出讓你在當下恢復冷靜和自信所需要的檔案，即便你承受著壓力，這個過程也能幫助你為自己和你關心的對象做出正確選擇。

每天練習幾次SOS，學習專注於最佳目標，就能讓你從壓力和警鈴的命令中解脫。因為現在你懂得關注自己的需求，也知道自己可以如何照顧到這些需求。箇中技巧在於有意識地運用思考中樞和記憶中樞，你就能夠釐清現況。

每個警鈴目標都藏著最佳目標

每一次的警鈴反應，背後都藏著一個最佳目標和警鈴目標。例如你的孩子跑到馬路中間，觸發了你的警鈴。在這一刻，你不會去思考自己的長期目標，例如要教養出一個富有同理心的世界公民，而是會冒出需要立即處理的警鈴目標：保護孩子的安全，不論用什麼方法都要避免孩子受傷。

不過你接下來採取的行動則是基於你的最佳目標，也就是教養出聰明又有愛心的人。雖然孩子已經安全了，但現在你的體內還是充滿腎上腺素，所以你可能會想要大發雷霆或對著孩子大吼，這就是過度活躍的警鈴反應。

孩子脫離險境後，如果你曾經思考並設定了明確的最佳目標，例如希望孩子長大能寬以待人，那麼這個目標會引導你的大腦，把注意力集中在最重要的價值上。

所以你不會動手打孩子或對他大吼，而是堅定地告誡他再也不可以放開大人的手跑到馬路中間，並確認孩子能理解你的話。你可以在同一天內多次提醒孩子，但是絕對不能讓警鈴控制你的反應，就算你當下承受了非常大的壓力也一樣。

專注於自己的最佳目標是為了避免受困於警鈴世界。你是否擁有穩固的自我認同，或是對自己產生負面想法，取決於你花費多少時間學習辨識自己真正的需求。大多數人從未花時間這麼做，因為他們沒有意識到自己有機會活出理想人生。

第四部

理想人生

An Optimal Life

第十二章　做出最佳選擇

目前你所學到的一切，包括大腦如何運作、如何專注，以及要專注於什麼想法才能緩和警鈴，都證明了你隨時可以重新掌控自己的生活。當你的警鈴大聲作響，或是過度活躍太長一段時間，你可能會覺得很無助。但是你要記得，你比自己想像得更強大。你的手中握有更多選擇，只是還沒有人教你該怎麼做。當我們感覺到警鈴正在啟動，或是注意到全身充滿壓力時，可以執行SOS或辨識導火線來啟動思考中樞。

現在的生活中有些事情讓你感到龐大壓力，也許是工作，也許家庭，也許是當下的環境或是待會兒要前往的地點；不論是人、事、情境、地點，都可能觸發警鈴並透過身體傳送壓力訊號。說到底，平衡警鈴傳達的資訊以及思考中樞聚焦的情緒、價值和目標，並且將大腦重新定位於真正重要的事物，這是一種需要學習的技巧。真正的關鍵在於選擇轉移焦點的能力，也就是FREEDOM模式中的「O」：做出最佳選擇。

警鈴指令並非選擇

你的手中一**直都握有選擇權，可以在每一個時刻決定人生的道路**。但是反射性的警鈴指令並不是選擇。大腦警鈴進入生存模式時，會要求你擊敗敵人、逃離危險或解決問題。但是警鈴的指令並非選擇，因為指令的功能是要求你**必須**有特定的感受、思維、需求或行為。當你身陷危機時，這些指令也許是最好的應對方法，但實際上並不是出於你的選擇，因為這些方法沒有涉及你對當下或人生中最重要事物的判斷。

如果眼前的危機或問題只能透過戰鬥、逃跑或凍結來應對，警鈴指令可能會是最佳「選擇」。畢竟警鈴指令又快又狠，是面對攸關生存的威脅時必要的作為。

不過當警鈴握有掌控權，指令又取代了選擇，我們會感覺自己任由擺佈，無法控制狀況。憤怒的上司、蕭條的經濟、粗心的伴侶，這些觸發警鈴的導火線，以及各種佔據大腦與身體的思緒與感受，就像一場我們無法阻止也無法獲勝的內在大戰。

這樣的思維可能會奪去主導權，導致你把人生視為奮力爭取好而非壞、爭取正確而非錯誤的單一過程。這種「非黑即白」或「贏者全拿」的觀點可說是警鈴的特長：以大腦警鈴的角度來看，你不是身陷危險就是安全無恙，不是受到傷害就是完好無缺，不是無能為力就是掌控一切。警鈴看不到其他選項。

壓力反應迫使我們進入自動駕駛狀態的同時，也會剝奪我們真正做出選擇的能力。不過只要警鈴、思考中樞和記憶中樞合作無間，我們就有機會做出對最佳選擇，即使在充滿極端壓力的情況下也一樣。

最佳選擇

無論何時感受到壓力反應，理想中的你都可以選擇跳脫現狀，並且意識到自己不必單純地對現狀做出反應，而是可以有其他的選擇。當你暫停並重新定位到想要關注的事物上，這一刻你就擁有了選擇權。看到好友瘋狂來電或同事憤怒的電子郵件時，你可以判斷出最佳方式來幫助對方脫離警鈴世界。此時對方的警鈴正在阻斷他通往理想生活的道路；如果對方知道自己有選擇，一定會選擇理想的生活。

你可以在每一種混亂、問題或甚至威脅之中看到機會，就算你並非天生擅長此道，還是有可能學會這樣的決策方式。例如，假設你的孩子被勒令停學，你當下的警鈴反應可能會想衝去學校找老師發飆，或是把孩子送到軍校。而你接下來對警鈴反應採取的行動，取決於你是否意識到警鈴在作響，以及是否意識到自己在面對警鈴反應時可以有不同的選擇。

受困在警鈴世界的人會直接反應，對著孩子或學校人員大發雷霆。然而選擇實現最佳生活的人則知道，即便是這樣的情況，也可以從中發掘有意義的經驗，不論是關於孩子、孩子的教育還是與學校的互動。

所謂的最佳選擇並不是完美無缺或沒有代價，但絕對不會有令人無法接受的壞處。如果某個選擇能帶來非常多好處，卻必須付出極端的代價，那就不太可能是最佳選擇。對著校長大吼或是做出更激烈的行為，並沒有辦法幫助你或孩子。也許宣洩憤怒能讓你當下感覺比較好過，但選擇這個舉動的後果只會引發更多警鈴反應。幾乎在所有情況下，你都可以找到一個最佳選擇，讓你有機會從中學習。

要想做出最佳選擇，顯然你必須思考。因此在冷靜時找出最佳選擇會比有壓力時簡單得多。在理想狀況下，我們應該要在有餘裕專注於自己重視的事物時，預先設想過各種情境，就像雙方在見面前預想第一次約會時要說些什麼會比較簡單。當然，有時候我們可以在面對危機的當下做出絕佳選擇，然而大多數的最佳選擇其實都已經預先決定好，只是我們沒有意識到自己事先思考過這類情況。

我們無法預想每一項可能的重要抉擇，更何況每天都會冒出無限多微小但可能改變人生的新選擇。就算預先做好了決定，事發當下通常還是需要調整，才能在實現我們重視的目標以及達到目標所需的代價之間取得平衡。我們唯一能做到的，就是確保自己即使身處最惡劣的情境也有能力跳脫現狀，並且確保思緒清晰足以認真考慮所有的選項。

聖誕節停戰協議

一九一四年，第一次世界大戰的塹壕戰慘烈到難以形容，死亡人數高達千萬，受傷人數則有兩倍之多。肩並肩的士兵看著持續不斷的砲彈炸裂地面，翻起一塊塊泥土和屍體。德軍的機槍問世後，每一次推進戰線的攻擊都會立刻產生傷亡。這些年輕人長期處在轟炸、骯髒又寒冷的環境，承受著最惡劣的物質與精神生活。一次大戰在西部前線士兵的死亡率，是二次大戰同一戰區的兩倍。

不過在一九一四年的聖誕週期間，發生了相當奇妙的事。儘管指揮官感到不滿，敵對雙方的士兵卻開始一起慶祝過節。在第一次世界大戰初期，戰壕的建造方式並不理想，距離最窄只有三十、五十或七十碼，因此確實有可能出現雙方互罵就像互射迫擊炮一樣容易的狀況。當時戰況並未發展到敵對雙方連話都不能說的地步，因此當家鄉的聖誕節補給包裹以及政府發放的香菸和巧克力送達，軍隊的氣氛從一片肅殺變得歡騰。

關於德軍提議停戰的方法眾說紛紜，不過很有可能是一塊巧克力蛋糕加上一張要求停火的紙條。根據《每日電訊報》（*Daily Telegraph*）隨軍記者的說法，英軍接受提議並且贈送菸草當作回禮。約定時間一到，德軍開始高唱〈平安夜〉，並且把蠟燭放在戰壕的沙包上。接著德軍大聲邀請英軍一起高歌，但英軍回答：「我們死也不用德文唱歌。」一位德國士兵則回嘴：「要是你們真的用德文唱歌，我們才想死。」

這些逸事漸漸傳開，到了隔天，砲火和機槍的聲響減少了，有時甚至會完全靜下來。德軍在矮護牆上架起聖誕樹，並且點上蠟燭裝飾。而接下來的一週，士兵整天都在唱歌。這也難怪從聖誕節到新年的這一週間，兩邊的士兵在荒郊野外熱絡互動，甚至直接把禮物送到敵方戰壕中。

在如此令人警鈴大作的情境下，為什麼這些士兵還能專注於最佳狀態？

在警鈴竭盡一切保障我們安全的同時，學習腦也從未停止努力將其他選項納入我們的意識之中。不論是哪一國的士兵，都不想在淹水的髒臭戰壕裡度過聖誕節。儘管他們的指揮官一定都有相同的警鈴目標，也就是攻擊敵人，但是人類大腦有更高的共同渴望——情感連結和擺脫壓力。當士兵發現就算只有一週的時間，但小小慶祝聖誕節也並非完全不可能，於是他們決定在這一刻重拾掌控權，想盡辦法實現當下最理想的生活狀態。

尋求協助

黛文在職場上一直都表現非常出色，她大學一畢業就進入廣告公司，每年負責的案子越來越多。二十九歲的黛文成為公司有史以來最年輕的總監，但這時她已經打定主意辭職。

在會議中，黛文試圖裝出平時的工作熱情；面對客戶時，她一如往常地發揮親和力，並且為客戶設計出有創意的廣告。儘管這份工作曾經讓她非常快樂，現在她卻渴望新生活。

當黛文來向我們諮詢，我們請她描述自己從何時開始感覺到壓力。她提到一個難搞的客戶，無論她的團隊怎麼做都無法讓對方滿意，於是她更加努力，花了更多時間處理這個案子。她的努力確實幫助公司保住案子，也留住了客戶。她痛恨和這個客戶合作，但他們的案子佔了她每年工作量的絕大部分，也是她能夠升職的原因。

當我們詢問她有哪些選擇，她的回答是沒有選擇的餘地。接著我們問起她在職場上最喜歡的合作對象，她的臉頓時亮了起來。她提到自己的上司是公司的其中一位合夥人，她可以敞開心胸跟他討論任何事。

於是我們問黛文是否有和上司討論過自己的感受。

她回答：「當然沒有。我不能讓他認為我沒有能力處理這件事。我們當然有抱怨過客戶，但是我沒辦法開口求助。」

我們想知道為什麼。

黛文說：「因為我不想讓任何事阻礙我成為合夥人。」

我們又問她是不是自己獨立完成所有的專案。

「當然不是。」她這麼回答，然後雙眼睜大。

我們接著問道，她是不是認為自己在面對棘手客戶時尋求協助，合夥人就會用這件事來判斷她是堅強或軟弱。我們更大膽猜想，如果黛文開口求助，當合夥人表明自己願意提供幫助時就不必擔心她會隱瞞真正的需求。

那天黛文走出診間，心中已經有清楚的計畫。我們排練了各種與合夥人溝通的方法，並且依照不同的感受、價值和目標執行SOS，讓她能持續把注意力集中在取得自己需要的協助，即便她很害怕開口要求。

後來黛文告訴我們，她選擇與合夥人溝通，而對方表示一直都對她的能力很有信心，也很樂意釋出更多資源來協助她。黛文熱切地和我們分享，能再次愛上自己的工作是多麼令人開心的一件事。

反射路徑與最佳路徑的差異

在職場、家庭甚至在戰爭中，究竟是什麼讓我們選擇了和平而非暴力，是什麼讓我們重視人命的價值並且以情感連結為目標，而不是重視勝利和以置人於死為目標？

在面對壓力時，我們的生理和情緒感受以及價值和目標，都會因為警鈴反應而大受影響。一個人被上司大吼之後會立刻產生壓力反應，腦中浮出類似以下的想法：「這個傢伙就是個領太多薪水又愛大吼大叫的紅毛猩猩。」接下來則會引發像這樣的警鈴目標：「我必須離開這個鬼地方。」在這樣的情境下，隨著反射路徑自然產生的警鈴選擇可能就是轉職、回嘴或辭職走人。

有能力選擇最佳路徑的人則會採取不同的做法：當他們感受到壓力反應即將出現，會選擇跳脫現狀。早在執行SOS之前，他們會先注意到自己的身體出現了一些生理上的壓力反應，於是他們會評估自己正在經歷什麼情緒。就是這樣的情緒覺察能力，讓他們注意到自己在面對上司時的警鈴思維，並且運用各種最佳狀態思維來執行SOS，進而緩和情緒波動。壓力緩解後，他們就不需要逃避，而是可以選擇最佳目標，例如去理解上司為何有憤怒的反應，或者嘗試修補雙方的關係。

在這個例子中，最佳路徑包括等上司冷靜下來後找時間和他溝通，或是向同僚尋求協助，討論下一次遇到這類情況時該如何應對。也許最後他們還是無法接受上司的這些行為，選擇去找另一份工作，不過這樣的舉動並不是出於單純的反應，而是經過深思熟慮的抉擇，甚至還有助於提升他們的身心健康和自我控制。透過上述的方式，他們順利重設警鈴，拒絕讓警鈴反應全權控制自己的選擇。

聖誕節停戰的士兵選擇了最佳路徑，儘管在極端的壓力環境下，他們的恐慌情緒很有可能會惡化成暴力思維，以殺戮為目標，並且從這類意圖中衍生出惡意行為。但是他們大腦的運作模式選擇專注於節慶的溫馨感受，專注於人與人之間的連結，並且以和平相處為目標，所以他們能夠選擇慶祝節日而非對戰。

對你的身體好一點

不論在什麼時候，我們都能選擇是要任由反射路徑掌控大腦，或是選擇符合理想的最佳行動。

舉例來說，假設你又餓又累到了極點。

光是這句話就足以觸發你的警鈴，這很正常。早期人類幾乎完全仰賴警鈴來生存下去，他們只有兩大生存目標：營養和安全。現在回想一下馬斯洛的需求層次——即使人類進化了，這些基本需求仍然存在。所以如果你工作到很晚才回家，快速健身又讓你更加飢餓，這時就算你開著豪華舒適的轎車，你的大腦還是認為你生活在遠古時代，它想用食物維持你的生命，而且現在就要。

你有兩個選擇：蔬菜、湯和週末剛做的新鮮麵包，就在冰箱裡等著你用來填滿渴求營養的身體；或是你開車回家的路上就能買到濃郁、熱騰騰而且立即出餐的起司漢堡（或是任何當你缺乏能量、想讓心情好起來時會想吃的療癒食物）。

你會選擇哪一種？

幾乎所有人都會選擇漢堡立即提供的滿足感。在這種情境之下，你因為太過飢餓、疲勞或壓力大，無法讓大腦運用我們在上一節描述的方式保持專注。要求一個人在這種時刻進行SOS似乎相當不切實際，或者至少可以說是某種形式的懲罰。

我們之所以需要經常反思，學習分辨警鈴為了生存而引發的反應以及其他賦予人生更多意義的選項，是因為我們每天都會遇到好幾次抉擇時刻。如果我們讓警鈴決定如何吃、喝和行動，最後就會變成黏在沙發上的馬鈴薯。因為警鈴希望我們累積熱量、感覺良好並且保存能量，就算我們離開沙發，那也一定是因為無法忍受誘惑而跑去自己最愛的酒吧或餐廳。

當然，這並不表示我們不該享受誘惑，只是我們必須思考自己的生活方式，才能讓大腦專注並且做出健康的選擇，同時有意識地去品味屬於自己的特殊獎賞。

現在把話題拉回濃郁的起司漢堡。你幾乎可以聞到漢堡的香味了，對吧？

這就是記憶中樞的強大之處——你可以運用這項強大的能力去體驗理想中的生活。如果你是因為警鈴而選擇吃下起司漢堡，其實你根本沒有好好品嚐，大腦會要求你在離開停車場前用三大口吞下整個漢堡。因為這是渴望，不是需求。

如果創下進食速度的金氏世界紀錄是你人生的意義，那麼你當然應該狼吞虎嚥地吞下那個漢堡；如果這是你一週一次的放縱時間，儘管捲起袖子大咬一口。但是以多數人的情況來說，衝動進食的根本原因在於沒有注意到其他可能的選項。

我們之所以會選擇漢堡，並不是因為我們不夠聰明而無法做出明理的判斷，而是因為在疲勞、飢餓或其他常見的生理和心理壓力破表之前，我們忘了跳脫現狀並重新定位到真正重要的目標上。以進食來說，我們平常就該思考自己真正想要的是什麼，是口腹之欲還是健康的身體？當需要做出選擇的時刻來臨，我們才能根據知識採取行動，而不是依照警鈴的命令而吃。

有時候，你並不一定會選擇最健康的食物，因為你想要完全專注於享受，不過這個選擇是基於警鈴（我想要這個，我一定要這個，現在就要！）和思考中樞（我知道我可以信任自己，我可以好好處理享受這個過程，而不只是屈服於渴望）的合作結果。這樣的選擇可以讓你感到真正的滿足，不只是因為你很享受，也因為你同時運用思考中樞和警鈴來做出適當的決定。

遵循最佳路徑

如果你很清楚自己最佳狀態的情緒、價值和目標，**其實你已經可以判斷出最佳選擇了**。方法如下：

讓我們最後再來練習一次SOS。

跳脫現狀。觀察、聆聽或深呼吸，放慢步調，像擦黑板一樣清空思緒。

現在我們要進行一連串的重新定位。

首先，選擇此刻對你來說最重要也最有助益的一種情緒，幫助自己重新定位。感受一下此刻想要擁有什麼樣的情緒，接著從記憶中取出這種情緒，專心感受。如果這種情緒沒辦法這麼容易自動浮現，試著回想你曾經感受到這種情緒的經驗。就算這時浮現了其他情緒也沒有關係，你可以把握機會，重新把注意力集中在你想感受的那份情緒上。

下一步，選擇一種足以代表此刻重要情緒的價值，繼續讓自己重新定位。如果你剛才選擇感受快樂，有什麼想法能讓你快樂？如果你選擇的是輕鬆，請找出能讓自己放鬆的想法。

第三步，選擇一個目標。這個目標必須足以代表你剛才專注的最佳狀態情緒和思維，然後繼續重新定位。舉例來說，如果你專注的情緒是幸福，以及「我喜歡擁有正面的感受」這樣的想法，那麼在這次練習中，你的最佳目標可能會是「我要建立一段感情，讓自己感覺到被愛」，或是「我要找到能讓自己微笑的工作」。

最後，請用一到十來衡量你的壓力指數和自我控制程度。

你可以理解剛才練習的目的嗎？定義自我認同是我們必須做的其中一項重要決定，如此一來我們的學習腦才能隨時取得最佳狀態檔案，進而減輕壓力、提升清晰思考的能力，這也是自我控制的精髓。這一切不只存在於你的腦海中，你之所以能專注於理想狀態的情緒、思維或目標，是因為你早已在現實中體驗過這些理想狀態。

運用SOS來更加認識自己的長處和強項，是大多數人會漏掉的關鍵環節，而這也是我們每天都有機會做出的最佳選擇。謹記符合你理想的情緒、價值和目標，當面臨壓力時就能比較容易找到並落實你的最佳選擇。你曾經感受過最佳狀態的情緒，實現過自己堅信的價值，也完成過你追尋的目標，而最佳選擇就是這些成功經驗的延續。只要循著最佳路徑，你就能在前方看見未來成功的可能性。

迴紋針

讓我們用最後一個問題來提醒你，每一分每一秒，你的手中都握有數百種選擇。

你可以從一個迴紋針想到幾種不同的使用方法？

當然，迴紋針可以把紙張整齊地固定在一起，那麼用來封住洋芋片的包裝袋呢？迴紋針可以用來打開特定類型的鎖頭、把聖誕節裝飾品掛在樹上、刺破派對結束後剩下的氣球，或是按壓那個細小的按鈕來重設你兒子的電動玩具。請你思考迴紋針的各種用途，最好能列出你自己的一份清單。

我們已經提出了幾種用法來刺激你動動腦，請試著再想出一種用法。

想到了嗎？

可以想到第二種用法嗎？

第三種？

想得出一百種嗎？

在現實生活中，你可以不斷為這一小段能彎折的金屬想出各種用途，也許是發揮藝術天分，幫女兒的娃娃屋做出裝飾藝術風格的椅子，或是很實際地拿來夾鈔票。然而當我們發現自己處於引發壓力反應的情境，我們反而不會去使用學習腦，因為我們不習慣。再睿智或專業的人都會陷入這種困境。無論我們處於什麼樣的情況，一定都有不只一種的選項在等著我們，我們卻經常任由警鈴用腎上腺素和強烈的情緒淹沒這些選項。

你永遠都有選擇。當你選擇最佳路徑，讓警鈴和思考中樞合作發揮功能，等於做出個人對這個世界能成就的最重要貢獻，不僅幫助了自己，也幫助了你身邊的人。

第十三章　做出貢獻

當你成功重設自己的大腦警鈴，等於幫助了其他人重設警鈴。不論你有沒有意識到，你都已經對這個世界做出無價的貢獻。你不必讓自己成為更偉大的人，也可以讓世界變得更好。你只需要記得兩件事：你的大腦裡有個需要關注的警鈴，而當你運用技巧來重設警鈴，就是在做出貢獻。

現在我們來到FREEDOM模式的最後一項「M」：為世界帶來正面貢獻。這麼做是為了幫助釐清你人生中最重要的人際關係、環境及經歷，以及你在這些方面已經做出了哪些正面的貢獻。

你在開頭的幾個章節學習到了關於大腦的知識，那麼你有和其他人分享你所學到的東西嗎？他們知道自己的大腦裡也有警鈴、思考中樞和記憶中樞嗎？

這麼做其實可以幫助到非常多人。大多數人從未發現自己的大腦一片混亂，我們以為情緒崩潰是因為自己有什麼問題，然而這通常只是人類的生存腦努力想要確保我們的安全，是大腦警鈴在避免我們受到傷害。

許多人終其一生都以為自己的大腦不太對勁，從不知道自己有能力執行SOS、辨識導火線，並且將情緒、價值、目標和選擇調整到最佳狀態，進而啟動大腦的思考中樞。這些人和你不一樣，他們不明白自己可以讓壓力警鈴和最佳狀態的大腦合作無間，掌控自己想要的人生。

當導火線觸發警鈴，你不需要對著孩子、伴侶、同事或朋友吼叫發洩情緒，而是專注在你們都很重視的事物上。你不會做出更多引發壓力反應的行為，而是透過集中注意力降低周遭所有人的壓力指數，提升自己的自我控制程度。這樣一來，他們的警鈴就不會被觸發，也不需要經歷情緒崩潰。想想看你為自己和他們避開了多少麻煩？成就了多少好事？

隨著這本書進入尾聲，我們希望能向你說明，光是好好管理自己的警鈴並啟動思考中樞，就等於是在強化自己和他人的連結，讓自己有機會專注在熱愛的事情上。你不需要改變世界就能讓世界變得更好，讓你自己或你關心的人生活得更好。因此而受惠的人甚至會超出你的人際圈，延伸到你意想不到的地方。

過分努力的人際關係

人際關係是我們最優先也最必須要管理警鈴的一個層面，畢竟當我們因為警鈴而一團混亂，最容易受到影響的就是我們身邊的人。我們應該經常關注自己的警鈴，並運用學習腦來維持清晰的思緒，以達到穩定的自我控制，更重要的是負起責任徹底落實這些練習。如果我們不這麼做，試想我們會對自己最珍視的人造成什麼樣的傷害。

現在讓我們把話題帶回你在這個世界上最深愛的人。

請想著這個人的臉龐，想像對方正在微笑，很高興能陪在你身邊。你覺得這是因為自己做了什麼嗎？多數人的警鈴之所以隨時都在發出警報，正是因為他們不停地想從周圍的人身上獲得愛、尊重和感情。警鈴總是告訴我們：「你最好把每件事都做到最好，否則別人不會愛你。」

然而你的朋友之所以是你的朋友，不是因為你替他們解決了什麼問題或是為他們付出一切。對愛你的人來說，你的存在就除以緩和他們的警鈴，讓他們的生活充滿快樂和希望。你不必是搖滾巨星、商業大亨或是總統，你不需要家財萬貫，不需要看起來像模特兒一樣，或是永遠不犯錯；你只需要照顧好自己大腦內的警鈴，然後你會發現對方也開始重設自己的警鈴。雖然這並非絕對管用，你也不必強迫對方這麼做，因為專注就像壓力一樣有傳染力。

然而我們與深愛的人相處時卻總是過分努力，這樣的心態不但會讓自己警鈴大作，還會觸發對方的警鈴。當我們看到對方受傷、憤怒、傷心或痛苦，會認為自己應該要解決問題——請務必記得，企圖解決問題的想法就是一種警鈴反應。如果需要解決的是真正的危機，或者像是在褲子上縫釦子，或是在對方口渴時遞上一杯水，那麼企圖解決問題的想法可能會有幫助。如果是伴侶、孩子或摯友在情緒上遇到困難，我們可能沒有辦法解決，不過我們能給予最有效的幫助，就是重設自己的警鈴。眼見他人陷入困境，我們當然會產生警鈴反應；當對方的警鈴正在觸發我們的警鈴，我們唯一需要做的就是專注聆聽對方的想法和感受，來讓自己的警鈴緩和下來。

這裡有個淺顯易懂的例子：糟糕的一天結束後，你深愛的對象回到家時顯得很暴躁，或者更糟的是，對方因為學業或工作受盡挫折。這時你自然會想要讓對方好過一點，所以當對方說：「我老闆是個混蛋。」你沒有靜靜聆聽，而是試圖同仇敵愾地回應：「沒錯。」這個舉動不僅沒有緩和對方的警鈴，還造成了反效果。

當你深愛的人傷痕累累地回到家，也許是工作上的一筆大交易失利。你試圖解決問題，所以你開口說道：「我們一起想想看哪裡出錯了，以免下次又犯一樣的錯誤。」這時對方的警鈴只會響得更大聲，因為對方真正需要聽到的是自己即便犯錯仍然值得被愛。不論是上述哪一種狀況，如果你的反應是源自警鈴，就會導致對方的警鈴產生更激烈的反應。

也許歷經了糟糕的一天之後，你深愛的人只是需要發洩一番，需要你真心聆聽，然後共進晚餐，最後可能再加上一點腳底按摩。在理想世界中，如果有人需要協助，他們會開口；不過在現實世界中，需要幫助的人通常不會直接表示。其實就算你不會讀心術，也能夠判斷其他人的警鈴是否正在響起。

你只需要專心觀察對方的反應方式和你自己的警鈴。千萬不要急，警鈴會催促你趕緊把問題解決，但如果真正重要的是讓對方感受到你的愛與信任，那麼最好的選項就是如實表達。請不要試圖「治好」對方或是想要讓對方立刻心情好轉，你其實不需要採取任何行動。

也許他最需要的只是你專注地聆聽，看到你臉上真摯溫暖的表情。關注對方的感受並且讓他感受到你的關注，可能就已經足夠了。靜靜聽著對方說這一整天有多糟糕，並且讓對方知道日子再糟糕也沒關係，他一樣值得被愛。這些方法都能讓對方的大腦保持專注，也是你所能為他人提供最關鍵的協助。

全家共進晚餐

現在讓我們來討論一下特定的緩和警鈴案例。這個情境幾乎所有人都有經驗：全家共進晚餐。也許是過節期間、每個週末，或是週間在家和伴侶及孩子簡單吃個晚餐（儘管在忙碌的社會中這個傳統幾乎要消失了），總之你和深愛的人們一起坐在餐桌前。有時候氣氛很棒，有時候你們卻會搞到彼此非常難堪。當警鈴響起，而你正在和家人相聚，這時該怎麼辦？

專注。

料理已經端上桌，大家都在享受食物，直到出現了成為導火線的「意見」。可能是媽媽批評爸爸吃東西的方式，或是手足間相互比較，也許是家裡見不得光的陳年往事再度浮出檯面，又或者就是最容易成為全家導火線的政治和宗教話題。每一個家庭都會遇到這樣的狀況，這些意見基本上會摧毀整個聚餐。一旦鬆開煞車——通常過多的酒精會讓潰堤的速度加快——你的警鈴就會瘋狂作響，讓你根本食不知味。

現在，遇到這樣的時刻，你就有能力做出貢獻。不必說出什麼大道理或做出特殊的舉動，只要觀察當下的狀況，不隨之起舞即可。你也許會想要發表自己對政治的看法，你當然可以這麼做，但如果有人的警鈴已經發出警報，你的發言可能只會讓對方的警鈴響得更大聲，尤其當這個人對自己的警鈴一無所知。這位家人會讓討論變成爭執或衝突，而他通常無法控制自己的反應。事態會發展至此，不只是因為對方的缺點或問題，也因為你錯失了關鍵的機會。

不過此時你還是可以補救，你可以緩和事態，可以在腦中跳脫現狀，默默地自問：「現在對我來說最重要的是什麼？」你可以微笑著回應：「沒想到你這麼關心這件事。對了，我真愛這些馬鈴薯泥，真好吃。」你可以觀察周遭的氣氛，持續管理好自己的警鈴，以免自己提著油桶救火。如果這種做法沒用——如果光是展現溫暖的一面無法阻止對話繼續崩壞——你可以繼續享用馬鈴薯泥。你可以繼續讓警鈴保持在和緩狀態，一邊品嚐食物，一邊提醒自己，就算家人失去理性，他們還是值得你的愛。雖然你可能好一陣子不會再選擇和家人聚餐，但至少在這次聚餐你不會受到波及。

離你而去的朋友

在升學的過程中，以前的朋友通常會因為環境不同而逐漸不相往來。早在我們開始和戀愛對象分手之前，就已經將人類的群體天性套用在朋友之間，不論男生女生都是如此，只是女生可能會說一些尖酸刻薄的話，男生則會故意排擠不想再一起玩的對象。問題在於，拋棄他人的天性並不會因為從學校畢業就停止，女性還是會偷偷講朋友的閒話，而男性則乾脆不再互相聯絡。

我們聽到許多案例是成年男子因為妻子要求而不再與朋友來往，我們也曾聽過本來每週都會一起烤肉的鄰居，現在兩家的孩子撿起寵物的大便就往對方家的草坪丟。在自願與他人相處的過程中，可能到了某個時間點，就會有一方認為你們不適合繼續交往下去——而被拋棄的感覺並不好受。如果你遭遇過這種情況，被踢出小圈圈的記憶就會纏著你不放，每當你覺得舊事即將重演，警鈴就會發出警告，引發強烈的壓力反應來引起你注意力。

這並不表示你就要任由他人的行為影響你自己的行為。此時警鈴會立刻告訴你，是你有問題，或者是對方有問題。如果你掉入警鈴的陷阱，誤以為是自己的問題，就會開始用盡一切方法挽救眼前的事態。你會找共同的朋友出來談一談，你會不停地打電話，拚命想要挽回頹勢。相反地，如果你認為是對方的問題，可能會對其他人指控是那個人瘋了，全都是對方的錯，或自稱是無助的受害者。不論是哪一種情況，就算你在過程中獲得了短暫的好處，最終只會感覺更糟。

為什麼這些警鈴反應終究會失敗？因為這些反應沒有關注到你真正重視的關鍵。你也許會陷入自我批評或自我憐憫，也許會獲得同情或遭到報復，但你就是沒有實現核心價值，當然也不可能達到最佳目標。

當其他人變了，我們無能為力。有些人際關係本來就無法長久，我們唯一能做的就是理解這件事會給你帶來痛苦，表示有某個地方出錯了。這同時也是契機，讓我們可以跳脫現狀，進入專注狀態，直到我們能夠清晰思考。

回想自己在這段關係中曾經感受到的最佳狀態情緒；思考這段關係對自己的意義，以及自己為什麼會如此重視朋友；接著再釐清自己目前想要達成什麼目標，以及真正重視的是什麼，不要讓自己滿腦子都是想要有所反應的衝動。

你擁有自己的目標，那是只屬於你的目標，就算其他人不願意或無法和你共享，你還是可以自己達成這些目標。此外，你擁有許多選擇，來實現你人生的核心價值。

這些選項通常會與你共享目標及價值的他人有關，因此你可能會選擇把注意力放在這些人際關係上。與其否認因為失去朋友而受到傷害，不如肯定自己的人生與未來。

當你感到非常受傷，警鈴又佔據了你大部分的注意力，與朋友分道揚鑣看似極度難以承受的過程。不過這正是我們歷經失去或其他類型的壓力後，重新振作的必經之路：關注警鈴充滿悲傷、恐懼或憤怒的訊息，並且重新專注於真正重要的事物上，以此邁向最佳目標。FREEDOM技巧並不是用來消滅壓力或焦慮的解方，而是應對壓力的指引，讓你能夠控制自己要如何面對人生的大小事。

電子郵件、社群媒體與警鈴

社群媒體改變了我們的溝通方式，好處是我們可以迅速與世界各地的人互動，而我們面臨的困境則是傳播速度飛快的各種壞消息、惡毒評論、假新聞，以及可能因此引爆的警鈴危機。我們之所以要探討這個議題，是因為我們與他人互動的方式越來越多樣，而這種變化正在影響我們的大腦。但掌控權仍舊握在你的手上，你有能力確保社群媒體的正面力量不會演變成引爆壓力的夢魘。

重點一：我們口袋裡的小巧裝置對我們的大腦產生巨大影響。研究顯示，每一則電子郵件、簡訊、推特發文和Facebook訊息，都會引起一波多巴胺高峰。多巴胺是大腦感到快樂時所產生的化學物質，咖啡因會讓我們產生多巴胺，古柯鹼也會讓我們產生多巴胺。適量的咖啡對我們有益，太多則會讓我們精神恍惚；社群媒體也是相同的道理。一旦大腦進入恍惚狀態，就會對導火線過度敏感。

重點二：任何溝通都可能觸發警鈴。就算只是口袋裡的手機震動這麼微不足道的事，也會讓警鈴開始警戒，因為它引起了你的注意。即便只是暫時的，你的體內還是會有腎上腺素開始流竄。若非有意識地進行數位虛擬溝通，很容易就會隨波逐流，被其中的新聞、對話和流言牽著走。

重點三：你握有收件匣的完全控制權。無論你使用什麼形式的虛擬溝通，使用的時間和回應的方式都由你控制。也許你已經聽過不少好建議，例如一天只要查看幾次訊息就好，或者每天固定幾個小時使用社群媒體，以免自己隨時都處於警覺狀態。不過最重要的一點，如果有人的簡訊觸發了你的警鈴，你可以拿起電話親自問清楚；如果有人在Facebook上發表了愚蠢的言論，請在回覆之前確保你的警鈴處於緩和狀態。

在社群媒體的世界中，最嚴重的錯誤就是在警鈴大作時進行溝通，因為我們一時的衝動行為將會永遠在網路留下公開的紀錄。每當電子郵件、簡訊或社群媒體觸發警鈴時，我們可以選擇執行SOS讓自己緩和下來。同樣地，我們在溝通時也可以選擇從最佳狀態的目標出發，成為打造社群的領導者，而不只是反射性地對其他人的警鈴發言做出反應。在你達到專注冷靜的境界之前，絕對沒有必要按下「送出」。

清晰思考就是你每天可以做到的無價貢獻。重設警鈴，讓思考中樞專注，接著才傳送訊息；這個即時溝通的世界缺乏的就是這種思考過程。警鈴渴求速度，但我們需要的是準確性和核心價值。稍微加速也許會令人感到興奮又有效率，但是訊息所傳遞的價值和目標才真正值得我們關注。

速食店的那個人

有一種隱晦的好意舉動人人都能做到，但大多數人卻從未曾想到要這麼做。下一次你在速食店或咖啡廳點餐時，可以試著對得來速的年輕男店員或為你倒咖啡的女服務生表現出真誠的尊重。我們並不是要你心懷崇敬地雙膝跪下，而是像對老朋友一樣露出溫暖的微笑。

設想一下這些員工的警鈴狀態：一般速食店是以工作速度來評斷員工的表現，而且工作本身重複性高，薪水也不怎麼好。速食店的顧客則是什麼都想要客製化——因為廣告就是這麼說的——但又不想付太多錢。這些顧客很有可能正在趕時間（所以才會選擇速食），也有可能經濟條件沒這麼好，但又想要享受待遇，而這三項因素都很容易觸發顧客的警鈴。速食店員要不是已經麻痺了自己的警鈴來撐過每一天，無法專注，要不就是看起來脾氣暴躁，因為其他人都沒給過他好臉色。

假設這時你走進店裡，滿臉微笑，彬彬有禮，直接友善地說出：「謝謝！」如果店員很專注，就會立即報以微笑。他們會注意到你的警鈴是緩和狀態，他們的警鈴也會因此緩和下來。不過店員也有可能無法完全理解你的行為，因為你和他服務過的其他一百六十二個客人差異太大，以至於大腦要花一點時間才能理解你的好意，但他會記得這件事。當他回想這一天時，你會出現在他的腦海裡；他會想起那個真心對待自己的好人。

從警鈴的層面來看，這樣的善意之舉最有利於建立社群。其他更遠大的目標，如解決遊民問題、為孩子提供優質教育、救助世界飢荒危機等，都是始於我們日常生活中的簡單舉動。當整個世界的警鈴處於緩和狀態，我們就更容易擁有最佳狀態的體驗。當我們專注於自己有把握的事物，來緩和自己的警鈴，其他人就會認為我們是值得合作的對象，可以一起改變這個世界。

會議中憤怒的同事

每個人這輩子總會遇到一、兩次需要開會或集體討論的時候，或許是職場、教會、議會、公共集會，然後我們就會看到有人在過程中失控。

這個人因為太過憤怒，滿臉漲紅，你甚至可以看到對方額頭上的血管。於是在場所有人的警鈴都開始作響，這是很正常的現象。就如我們在發揮情緒力量的章節所提到，憤怒意味著個人的目標或核心價值遇到阻擾，而憤怒會引發壓力反應。

當你在會議上看到有人動怒，首先要採取的行動就是穩定自己的警鈴。你可以執行SOS，讓自己重新定位在重要的事物，也就是最佳狀態情緒、價值或目標，讓它們指引你，而不要只是把注意集中在警鈴挑選的目標。

應對憤怒情緒時，務必要辨識出自己的導火線，而且要很明確知道究竟發生了什麼事，對方究竟說了或做了什麼，導致你的警鈴被觸發並且開始傳送憤怒的訊息給思考中樞，下令要你解決眼前的情況或保護自己。

你可以選擇從對方反應中的強烈能量看到契機：在這一刻，大家的注意力都很集中，所以你該讓你的大腦達到同樣程度的專注力，但是要把注意力集中在真正重要的事物，而不是眼前的紛爭或情緒火花。

當你辨識出自己的導火線並且執行SOS，單是你的存在就足以讓整個空間的氣氛回歸平靜。

如果你負責主持會議，只要你保持冷靜，同事也能冷靜下來。針對發脾氣的人做出反應，只會再度刺激到對方。當你能夠維持自信的狀態，辨識出對方的憤怒並且將這股情緒疏導至新的話題，讓所有人都能自制地進行對話，這麼做不僅化解了憤怒方的反應，也強化了自己與團體的連結，讓成員了解在這裡可以做自己，就算感到憤怒也沒關係，因為沒有你處理不了的狀況。

再次提醒，關鍵就是管理好自己的警鈴。面對大發雷霆的人沒有所謂最正確的對話方式，因為如果你挑戰對方的論點，對方會更生氣；如果你試著安撫對方，又會感覺像是在否定對方的感受；當然，你也不可能用憤怒來對付憤怒，這只會讓事態惡化並且引發更大的危機。你真正能做的，就是運用FREEDOM技巧讓自己專注於最佳狀態體驗，或許有餘力還能用實際行動讓他人理解到，有意識地去疏導自己的警鈴情緒並非不可能。

阿拉伯之春

二〇一〇年十二月十七日，穆罕默德・布瓦吉吉（Mohamed Bouazizi）的舉動引爆了一場革命，徹底改變了中東地區的每一個國家。

他的經歷並不順遂也不普通，三歲那年他的父親過世，於是母親嫁給了叔叔。由於家裡有六名兄弟姊妹，他只能去單室學校[1]上課，甚至沒有讀完中學。叔叔的健康每況愈下，十歲的他開始工作。他應徵過各式各樣的工作，不過就算他想從軍也遭到拒絕，只好幫忙家人在西迪布濟德（Sidi Bouzid）[2]街上販售農產品。有些關於布瓦吉吉生平事蹟的報導指出，他從小就飽受警察騷擾。

十二月十六日，布瓦吉吉借錢購買隔天要販售的農產品。就外界所述，隔天一早警察就開始騷擾他。小販遇到警察騷擾時有三個選擇：丟下農產品逃跑、付錢賄賂，或是被罰錢。那天布瓦吉吉身上沒有任何現金，因為借來的錢全都拿去買農產品了。最糟的是，一位女性官員沒收了他的電子秤並且翻倒他的推車。關於事發經過的報導說法不一，無法確定是那位女性打了他巴掌，或者是她的助手痛揍了他，總之布瓦吉吉遭到羞辱。他前往首長辦公室陳情，只希望能拿回秤子把受損的商品賣掉。

但他的聲音沒有被聽見。

這段故事有許多值得探究的地方，我們可以想像一下他的警鈴狀態——多年來忍受羞辱和虐待，為了養活家人承受龐大壓力，而且非常剛好，他在不久前才和女友分手。他接下來的舉動看起來就是典型的壓力反射性動作，也許全世界的人都能感同身受，布瓦吉吉在沉重又無法擺脫的長期壓力之下終於爆發了。

上午十一點三十分，就在他的蔬果被打翻在地上後不到一小時，布瓦吉吉站在首長辦公室前方的馬路中央大喊：「這樣我要怎麼活下去？」然後他把汽油往身上倒，點燃火柴。

布瓦吉吉最後因嚴重燒傷不治，然而在那個當下，難道他只是產生了壓力反應嗎？或者，有沒有可能他出於直覺管理好自己的警鈴，並且選擇為了同胞做出貢獻，因為他們無法擺脫貧窮，沒有力量起身對抗壓迫？我們無從得知穆罕默德・布瓦吉吉

---

1 單室學校（one-room school）在鄉村或小鎮很常見，所有學生都在同一個房間，只有一位老師教授基本的讀寫課程。

2 這座城市位在突尼西亞中部，是該省的首府。

那一天在想什麼，只知道他是賣橘子的小販，他的行動引爆了一場推翻暴政的革命。如今他的國家有一款郵票上印著他的臉龐。

你的熱情所在

我們會想要對個人人際關係或社群有所貢獻，因為每個人在建構自己的理想人生時都需要支援，而最根本的原因在於：我們想做自己熱愛的事。很可惜，大多數人都忙著做自己應該做的事。父母、老師和其他有影響力的大人一直告訴我們，我們應該是什麼樣子，或者我們應該過什麼樣的人生。警鈴也告訴我們必須要聽大人的話，否則就會有麻煩。數十年後，我們還是依照大人規畫的路線往前走，而不是走在學習與探索理想世界的道路。

所以，除了管理自己的警鈴，你還可以為這個世界做出一大貢獻：做自己熱愛的事。這個觀念和世界上許多社會文化與價值觀背道而馳。這些社會文化重視的是為父母爭光、為國犧牲以及為他人著想。這些社會價值的意義毋庸置疑，我們也無意鼓吹自我中心的個人主義，忽視家庭和奉獻的重要性。我們只是希望你遵守這些承諾並做出犧牲，是因為你在過程中獲得了對你來說重要的東西，而不是因為警鈴對你設下了痛苦的限制。有太多人因此浪費了寶貴的年華。

你最熱愛的事物是什麼？

運動？藝術？賺錢？悠閒度日？我們並不打算評斷你的興趣，我們只想強調，如果你無法經常從事自己喜愛的活動，那麼你很有可能就是在依賴警鈴度日，儘管你明明可以打造自己的理想世界。當然，實現目標沒有輕鬆或立即的捷徑，重點是你可以有所選擇，你可以追求理想的生活，讓自己每天早上醒來都比昨天多一點期待。

這不表示你的警鈴就不會再響起。警鈴一定會響，畢竟當你身處危險或是偏離理想生活軌道的時候，你會需要警鈴提醒，但是控制方向的人必須是你。你可以選擇，你要專注於自己重視的目標並由此判斷自己是否有貢獻，或是單純對他人的要求做出反應。

如果你問那些追求熱愛事物的人，他們會告訴你他們沒有打算退休，也不介意為了實現計畫整晚熬夜。對這些人來說，他們可能會遇到的問題是忽略家庭、朋友和社群，不過在理想世界中，警鈴就是為了解決這樣的問題而存在。警鈴的功能是保護你的安全，提醒你生活已經失衡，應該重新找到平衡，兼顧你的熱情所在和你愛的人。

然而在你遇到這種甜蜜的難題之前，必須先跟隨自己的熱情。

電機工程師愛因斯坦

「電機工程師愛因斯坦」，聽起來不如愛因斯坦這個名字響亮。這位天才科學家因為鑽研空間與時間而獲得諾貝爾獎，從此徹底改變人類對宇宙的認知。話雖如此，要是愛因斯坦當初沒有追求自己的熱情，運用天賦異稟的大腦在人生中的各個階段做出貢獻，他很有可能會成為一個普通的工程師。這則故事的重點並不是要求你像愛因斯坦一樣有貢獻，而是人類大腦的運作方式和眾人以為的天差地遠。這段故事證明了在生活中將警鈴管理好，人類就能做出能力所及最有價值的貢獻。

有些故事把愛因斯坦描述成糟糕的學生，實際上並非如此，他都在數學和物理方面一直都表現得相當出色。不過有三個主要原因，讓愛因斯坦懂得專注於自己的熱情所在，而不是迎合其他人對他的要求。首先，他很晚才學會說話。他的姊姊如此描述當時的情況：「從他口中說出的每一個句子，無論多麼普通尋常，他都會輕柔地動著嘴唇對自己複述一遍。因為他學習說話實在學得太不順利，身邊的人都擔心他可能永遠學不會。」

但是愛因斯坦並沒有因為學習緩慢而感到困擾。後來他在回顧這段往事時表示：

> 當我自問，為什麼會是我發現了相對論，可能是因為一般成人從來不會在腦中思索空間和時間的問題，這些是小時候才會想到的事。不過我實在成長得太慢，所以當我開始思考空間和時間，我其實已經長大了。正因如此，我能夠比一般小孩更深入地剖析這個問題。

不論愛因斯坦是否用了誇飾法，重點在於他讓大腦專注於自己感興趣的事物。想當然，語言障礙很可能會觸發他的警鈴，不過這也讓他得以把注意集中在自己能做得到的貢獻。根據愛因斯坦的祖父在信件中描述，他一直是個聰明伶俐的孩子，而且全心全意投入科學。

第二個原因：愛因斯坦不但沒有休學，還提早申請大學。他的父母希望他成為電機工程師，但是他痛恨德國高中的傳統教育方式，於是他選擇在十六歲時申請大學。儘管愛因斯坦在沒有高中學位的情況下，無法通過入學必經的幾項考試，但他的數學和物理成績相當突出。隔年他又再試了一次，並且成功通過了。如果當初他遵從父母的意思，就會繼續待在無聊的學校，最終成為可靠但缺少熱情的電機工程師，百無聊賴地度過餘生。

讓愛因斯坦做出偉大貢獻的第三個原因：專注於能夠刺激自己的事物。一九〇五年，愛因斯坦發表了五篇論文，其中一篇就是見解獨到的相對論。事實上，那五篇論文中的任何一篇，都堪比其他科學家的生涯巔峰之作。

最能讓我們感到快樂和自信的貢獻，並非建立在他人對我們的期望之上，而是當我們努力鑽研讓自己充滿熱情的事物，而且我們知道能把這件事做得更好。愛因斯坦知道其他科學家的研究還需要繼續發展，所以儘管科學界和家人反對，他仍然全心投入建立起能夠解釋宇宙的理論。他專注於自己認為最重要的目標，也就是解開宇宙的複雜組成，但又要以較為淺顯的方式讓他人也能夠理解，最終促成了他偉大的發現。

愛因斯坦的理論並不是突然浮現在腦海中，而是窮盡一生以他獨特的觀點觀察世界。其實人人都有能力達到相同的專注力。愛因斯坦並沒有因為大學同僚不看好他就放棄，他透過一個又一個方程式，發掘出理解宇宙的全新方程式。

樂於助人

如同愛因斯坦每天堅持不懈，專注研究他熱愛的事物，最終為世界帶來無價的貢獻，你也可以成為貢獻運動的一分子。就算無法催生出新一代綠色和平組織，你也能改變世界。一九九一年，在麻薩諸塞州的小鎮紹斯伯勒（Southborough），一位身兼護士且熱善好施的母親和一位注意到相關需求的牧師，兩人合作成立了食物銀行。

他們知道有些人來到教堂是為了食物，所以他們認為在櫥櫃裡放一箱食物來照顧這些飢腸轆轆的人，應該不至於太困難。值得注意之處在於兩人管理好自己的警鈴之後，不只是把注意力放在自己身上，而是看到簡單的契機就決定伸出援手。

後來在鎮上六所教堂的聯合會議上，他們發起討論是否有其他家庭需要協助。這座超過六千五百名居民的小鎮仍在成長中，因此真正需要幫助的人可能比出現在教堂的人數更多。於是整個教區決定共用其中一所教堂後方的閒置櫥櫃，放滿食物，並且在後門設置出入口，讓餓肚子的人可以進門取食，不必為此感到尷尬。

到了二〇〇〇年，這座食物銀行幫助了二十多個家庭，而這時城鎮的規模已經逼近九千人。教堂和學校負責募集食物，男女童子軍也參與其中。就連當地的退休者社團也會請社員們帶著食物來參與活動。鎮上沒有任何人採取任何特別的行動，他們只是蒐集家中多的湯罐頭或麥片。州政府開始在鎮上的旅館安置無家可歸的家庭，食物銀行便負責提供食品和餐點。當這些家庭或接受資助的人需要自己無法負擔的油或是處方藥物，募集來的捐款就會用於確保他們獲得所需物品。

接著在二〇〇八年，鎮上的人口幾乎要到達一萬人，經濟蕭條導致更多人無法填飽肚子，單月就有超過二十個家庭需要食物救助。於是大家在另一個閒置的櫥櫃放進了更多的食物，還借用了另一所教堂的車庫。沒有人出現任何警鈴反應。教會成員只是讓鎮民知道有這樣的需求，就會有人準備好櫥櫃和食物。

到了二〇一一年，鎮上教堂每週提供食物的對象多達兩百人。那年秋天，童子軍舉辦了一年一度的食物募集活動，他們在鎮上各處的信箱掛上塑膠袋，而居民去採買日用品時會多買一些麵條或鮪魚罐頭，然後在週六早上把這些裝滿食品的塑膠袋掛回自家信箱上。那個秋日早晨募得的食物多達五噸。二十年前，兩個人運用自己的最佳狀態大腦所採取的行動，如今發展成一場全鎮運動，每週持續幫助數百人得以溫飽。

如果當初在一九九一年，護士和牧師決定要募得五噸的食物，所有教堂和整個鎮都會因此警鈴大作。眾人會無法理解實際狀況，會苦惱該把食物存放在哪裡。試想如果護士和牧師當初只想著要做出成績或立即解決問題，會發生什麼事？然而他們成功管理了自己和全鎮的警鈴，徹底發揮大腦專注的能力，而需要幫助的人伸出援手。經過一週又一週、十年又十年的努力，他們終結了整個鎮的飢餓問題。

二手冷靜與自信

你和最佳狀態的大腦合作無間，同時運用警鈴的訊號和學習腦的功能，創造出屬於自己的理想人生。你的教育背景、財富、社會地位、職業和所有物，全都無法定義你是誰。你的大腦獨一無二、珍貴無價，在世界上其他人受困於警鈴的時候，等待著進入專注狀態並投入當下。你並非自身成就的總和，享受此時此刻的愉悅這才是你，因為你專注在對你來說最重要的事物上。

當你刻意花時間成就自己的理想世界，對其他人也會造成影響。就像愛麗絲發現的奇幻世界事事都相反，二手壓力也有完全相對地概念——那就是二手自信。當你能夠帶著微笑走進一個空間，當你知道自己的目標是什麼，並預期自己能擁有最佳體驗，其他人就會想要效法你。

正是這種自信創造出平靜無壓力的環境，而平靜會帶來平靜。當你的大腦處於專注狀態，其他人的大腦也會隨之專注。

第十四章　邁向理想的過程難免會有陷阱

我們希望現在的你已經徹底了解，擺脫生活中讓你疲弱不堪的壓力並非不可能。你只是沒發現解決方法一直都在自己身上，而你現在已經具備所需的能力。你可以做出選擇，從前的你也許會不知所措，現在你懂得如何保持平靜。掌控權就握在你的手上。你和你的大腦其實具備足夠的能力，足以幫助你建立和電影明星、執行長與頂尖運動員一樣的自信（請記得，這些人都和你一樣為相同的問題所苦，也都需要勤加練習才能保持專注）。

你可以活出理想的生活，這不是天方夜譚或白日夢，而是你的人生。你是你人生的主人，你才是有影響力的那個人，你所做的貢獻無人能及。不過當你選擇活在理想世界，還是會有其他人試圖把你拉回警鈴世界。我們接下來就是要討論你該注意哪些事項。你為自己所做的努力非同小可，儘管人人都可以做到，卻不是所有人都會選擇一步步理解大腦，並將大腦的能力發揮到極致。

別人的警鈴響個不停

練習次數越多，FREEDOM技巧就越能幫助你將壓力轉化成最佳生活狀態；越是將生活調整到最佳狀態，你就越容易注意到身邊無法專注的人。當你能夠控制警鈴的時間拉長之後，你在生活中會遇到的第一個挑戰，就是發現其他人沒有跟上你的腳步。別人的警鈴仍然響個不停，因為他們不了解自己的大腦。如果遇上衝突或充滿壓力的情況，他們會直接反應，卻無法意識其中真正的原因。當他們歷經情緒崩潰，而你卻仍然能保持冷靜，他們可能還會認為你不太正常。

你無法為其他人緩和或重設警鈴，不過你絕對可以放慢步調，向對方示範如何重新定位，專注在對自己真正重要的事物上，而不是專注於自己的警鈴反應。然後你可以檢查壓力指數和自我控制程度，確認自己的狀態是否有稍微和緩平靜下來。當對方的警鈴指數比較低的時候，你甚至可以試著解釋SOS，讓他們了解你保持高度冷靜狀態的方法。透過有意識地專注，你可以給其他人機會和你一起踏入理想世界。當他們會注意到其中的差別，通常會想知道更多你的祕訣，好讓自己也能擁有不必再抓狂的愉悅體驗。

不過其他人也有可能拒絕你的提議，也許只是暫時婉拒，或者他們正陷入警鈴反應，無法或不想打破壓力反應的循環。有些人熱愛大量腎上腺素的刺激，就算是源自憤怒和衝突等負面情緒也一樣，而這些人可能沒有意識到自己的生活模式和你不太契合。現在你已經很了解警鈴，也知道如何把警鈴轉化為有益的資訊來源，幫助你創造理想的人生。當你和被警鈴綁架的親友、同事及鄰居互動時，你知道如何找出不讓自己感到壓力的方法。在與警鈴大作的人相處，最關鍵的一點就是避免他人的壓力反應主宰你的選擇。

話雖如此，假設對方真的徹底崩潰，或是把你視為造成世界上一切問題的元兇，打算要你為他的悲慘遭遇和非洲餓肚子的小孩負責，假設對方開始大吼——這個舉動肯定會觸發你的警鈴，執行SOS之後的你應該問：「你現在有辦法冷靜下來談一談嗎？或者我們應該改天？」

當父母、伴侶或孩子因為腎上腺素而失去控制，我們可以釐清當下的狀況，把注意力集中在自己有多愛他們。我們要避免讓親近的人對自己為所欲為，但也必須理解人總有情緒潰堤的時候，只要我們不以同等程度的警鈴反應做為回應，對方一定會心懷感激。或者給對方一點時間，冷靜下來，等他準備好再重啟對話，這麼做他會更加感激。

正因為你知道理想的情緒狀態是什麼樣子，現在你有機會克服以前總是讓你得不到快樂的導火線，並且重設警鈴，不再讓自己對壓力產生反射性反應；你的思維和行動建立在真正的自我控制之上。

日子難免不順

儘管你已經學會了所有技巧，但有些時候你就是無法緩和或重設警鈴。了解自己的警鈴和熟知壓力管理技巧，不表示你從此以後都可以維持平靜與自信。你會繼續遭遇各種挑戰，例如養小孩或工作轉換跑道，你會感覺警鈴指數上升，當壞事發生的時候，你還是會只想躺在床上。

請回想一下二手壓力的概念：如果我們在沒有做好SOS的情況下遇到一群壓力破表的人，肯定會承受不了他們過度活躍的警鈴。意料之外的人物、地點和經歷都有可能觸發我們的警鈴，起初我們會感受到壓力反應，而且可能會極力抗拒。我們無法阻止車禍，無法阻止朋友或同事的情緒崩潰，也無法確保在自己竭盡全力時百分之百不會出差錯。在最不順遂的日子裡，我們偶爾還是會情緒崩潰。

然而我們已經和以前不一樣了，就算情緒失控，我們也不會放任失控持續下去。我們拒絕淪為大腦的俘虜，我們很清楚崩潰只是一時的警鈴反應。崩潰之後，我們可以為自己的行為道歉，並且向他人解釋自己的困境；我們可以做出選擇，避免下次遇到相同的情況時再次崩潰。沒有人能徹底管理壓力，我們也不需要這麼做，畢竟人生沒有任何壓力的話等於沒有任何能量。請記得，警鈴的功能是引起我們的注意並讓我們保持專注，關鍵在於持續提醒自己可以選擇該把專注力放在重要的事物上。

實現專注的人生：第一部

傑瑞班上的一位學生突然去世之後，他面臨兩個問題：他因為失去自己關心的學生而感到悲痛，他也知道班上其他學生會等著他給出一個解釋。那天早上準備上課前，傑瑞用過世學生的相片來執行SOS。他喚出的回憶是那位學生的演講，主題是關於祖父的笑話，雖然大部分的笑話都很難笑，但全班從來沒有笑得這麼大聲過。重溫當時的感受讓傑瑞心中充滿對這位年輕人的深深感謝。接著他重新定位到自己身為教師的核心價值——學習。他在課堂上的角色並不是解決孩子們的疑問，他的職責是傾聽他們的聲音，提出對的問題來幫助他們理解難以說明的情況。傑瑞不知道他們的同學為什麼會突然去世，他也不必知道原因，他只需要給孩子們困惑和思考的空間，同時讓他們感到安心，知道一切都會沒事。

學生陸續走進教室，不少人抱著彼此哭泣。稍後全班得去另外的地方集合，不過傑瑞必須先達成一項目標：讓他們有安全的悼念空間。他知道自己可以給孩子最重要的一堂教育，就是從彼此身上找到慰藉。如果他請孩子幫助彼此，就能緩解一些沉重的情緒。

傑瑞一整天都在聆聽警鈴的急迫需求，要求他扮演完美的老師，讓學生開心起來，還要持續專注於自己的最佳目標，也就是為學生提供安全的空間。當這一天結束時，他感到筋疲力盡。這是他教師生涯中最艱難、最難熬的一天。看著去世男孩的相片，他的情緒徹底崩潰，像個小孩一樣放聲大哭。他選擇不停地哭，直到自己覺得哭夠了為止。

在這樣的時刻，感受失去的痛苦是最重要的事。清楚知道自己有多在乎學生，是讓傑瑞成為好老師的關鍵；這成了他每天的動力，讓他幫助學生學習，無論他們在生活中遇到什麼情況。

實現專注的人生：第二部

凱倫整個夏天都在接受百里自行車賽的訓練，她有兩個主要的目的：鍛鍊身材，以及為乳癌研究募款；她的母親就是因為這種疾病過世。凱倫一心專注於訓練，慢慢累積，不斷進步。她滿心期待比賽的那一天，可以和數百名擁有相同目標的參賽者一起競爭，一起支持他們所關心的募款計畫。

但是就在比賽前三天，凱倫病倒了，而且幾乎下不了床。到了比賽前一晚，她稍微恢復了一點，但是現在她必須做出選擇：應該要冒著無法完賽的風險參賽？還是乾脆連試都不要試？她有充分的理由待在家，她也知道即使自己沒有參與，支持者還是很樂意捐款。

比賽當天早上，凱倫還是很不舒服。她在前一晚上補充了大量水分，並且吃了一點東西補充能量，但還是沒把握能完賽。她的警鈴告訴她待在家就好，不要輕易冒險。她諮詢醫生的意見，醫生表示她的病不會傳染，所以不論參賽與否，她都應該讓自己的身體來決定。

當凱倫和所有參賽者一起站在起點上，腎上腺素開始發揮作用。她的最佳目標是變健康，而她已經做到這一點。有沒有完賽並不重要，她已經認真做好準備，生病則不是她能控制的事。出乎意料地，凱倫騎了三十英里之後仍然感覺狀況良好。她志不在贏得比賽，她調整了自己的目標，只求在不受傷的前提之下盡力騎到最遠。

在六十英里處，她覺得全身的氣力已經耗盡。不過她和另一群為母親參賽的女性騎士互相鼓勵，決定繼續堅持下去。到了九十英里，凱倫幾乎踩不動踏板，她必須用盡全身力氣才能讓自行車往前。這時她清楚聽到作響的警鈴要她停下來。

於是凱倫開始想像母親的模樣，她看到母親躺在醫院病床上，在接受治療的時候仍然露出笑容。母親的頭髮掉光了，臉頰也明顯消瘦，癌症奪走了她的光彩，但她仍然微笑著。

這正是凱倫需要的。

她騎過終點線後，丈夫扶著她問道：「妳是怎麼辦到的？妳看起來狀態好多了。」

她露出燦爛的笑容回答：「我媽從來沒有失去笑容，我也不會。」

全新的你未必人見人愛

如果有人不喜歡全新的你，首先你必須記得，這些人是依靠警鈴在生活。在這個充滿壓力的世界，所有人乃至於各種組織、社群和政府都因此受到影響。你可以隨時觀察他人的行為是源於警鈴還是最佳狀態的大腦，現在你已經有能力做到這一點。

理解他人的行為之後，你會擁有自信，你可以發揮更多的同理心。當然這並不容易，也可能引起他人的恐懼或憤怒。不過就像真正的朋友並不會因為你的各種缺點而不愛你，你也不會因為父母、兄弟姊妹和伴侶的警鈴大作就放棄他們。事實上，你的同理心對於這個世界是莫大的貢獻，因為你的專注為他人創造出一個專屬的空間，讓他們有機會緩和自己的警鈴。

接下來可能會有出乎意料的發展。當他們的警鈴緩和下來，開始注意到你的改變，這時他們不再覺得受到威脅，而是感到好奇。他們會旁敲側擊地提出自己的疑問：「你做了什麼改變？是什麼改變了你的生活？你變瘦了嗎？」他們的學習腦在你身上看到了改變，不過他們只會用迂迴的方式表達出來。這是個好時機，你可以和他們分享自己學到的知識和技巧，不過不必表現得像教授或大師一樣，只需要當個溫柔關心對方的朋友，出於好意提供一點智慧小建議，希望能有所幫助。

你也可以把這本書送給他們，邀請他們學習關於大腦的知識。你可以分享自己以前警鈴被觸發的經驗，以及現在你是如何讓自己不再受警鈴主宰。你還可以談一談自己如何選擇理想的感受和思維：明確知道自己想要什麼樣的體驗並且完全掌控這樣的體驗，這種狀態有多麼嶄新而美好。

另外，請他們分享自己最愛的假期，再詢問他們有什麼感受。這時的你就是在發揮情緒力量。你送上機會，讓他們專注於最佳目標和最佳選擇，做出貢獻而不是散播壓力。只要你提議的方式沒有觸發他們的警鈴，通常他們都會願意跟上你的腳步，邁向自由。

改變部分人際關係

在某些情況下，你會決定做出改變。如果你現在生活的環境不停地觸發你的警鈴，你也許會選擇搬家、離職，或者選擇稍微疏遠某些人際關係。當一段關係無法為我們帶來任何益處，甚至變得有害，也許你需要徹底脫離。有些人已經太習慣讓警鈴主導一切，以至於無法或不願意改變。當然我們都希望對方有一天會改變，但如果事實證明對方沒辦法做到，請務必記得，再怎麼堅強的人也可能會因為二手壓力而耗盡精力。

當你決定要離開或做出改變，你可以選擇適當的方式，給對方機會跟上你的腳步。你不需要堅持己見或是過分冷酷，也不必當面指責其他人都活在警鈴世界，因為當你極力想要改變對方，表示你自己的警鈴正在反應。其實你可以刻意但溫和地採取其他做法，例如向對方提出明確的邀約。你可以多做另一半會喜歡的事，但不必把彼此逼得太緊；你可以邀請朋友去爬山踏青，而不是去酒吧；你可以花一天的時間陪伴家人，但不必一整週都黏再一起。

如果對方又因為警鈴而發脾氣，你可以管理好自己的警鈴；只要你沒有產生壓力反應，對方也無法有反應。如果對方開始抱怨，你可以立刻把話題轉向關注自己人生中重要的事物，以及這麼做如何讓你感到快樂。這種做法當然也有可能會讓對方更加抓狂。你一樣要注意對方的警鈴，當對方明白地拒絕你，你不必急著做出反應，因為負面行為通常是源於壓力，而不是真正的他。

當你無法再忍受更多的負面行為，你的最佳選擇可能是離開，畢竟沒有人想要活在警鈴世界，也沒有那個必要。或者你可以選擇留下來，理解對方長期處於警鈴狀態的原因。現在的你已經有能力處理過去會讓你避之唯恐不及的情況。

理想世界

當我們身處理想世界，這種狀態會像笑聲一樣傳染給周圍的人。你有注意過滿臉笑容的人是如何感染整個空間嗎？當這個人的警鈴是放鬆的，其他人就會不加思索地跟著放鬆下來。如果每一個國家的公民都能明白自己的警鈴具有什麼樣的價值呢？如果每個人都能學會管理警鈴，知道警鈴作響時該怎麼辦呢？如果我們所有人都能有意識地專注於學習呢？這些問題的答案都一樣：我們會一起生活在一個理想的世界。

理想世界不是完美的世界，畢竟我們是人類，而大腦警鈴是人類生存的基礎。警鈴仍然是我們生理構造的一部分，我們還是需要它的功能，儘管當今世界的資源和機會已經多到超乎人類祖先能想像的地步。當世界進入第三個千禧年，我們面臨的挑戰是讓自己從只會直覺反應的個體，進化成自我管理良好且具有高度意識的理想群體。

理想世界不是幻想，而是一種選擇。我們有機會生活在一個互助的世界，只要我們時常關注自己的警鈴，平靜與自信就很有可能成為新時代的現實面貌。一旦我們理解到自己有能力控制反應的方式，來面對身為人類必經的改變和挑戰，恐慌與不安很快就會消失。

我們追求的並不是擺脫警鈴，而是希望人人都能培養出不輕易崩潰的大腦。我們要讓自己的感官可以本能地區分出真正的威脅，以及來自現代世界的聲音、畫面和刺激；我們不需要因為後者而隨時充滿腎上腺素，搞得大腦不知所措。我們要將自己的思緒集中在重要的事物上，而不是一直擔心自己擁有得不夠或想要消費更多。

我們身上仍然存在著古老的大腦區塊，導致我們的團體生活時常處於警覺狀態，但其實不一定要如此。在理想世界中，我們有時會允許自己感到些微不適，藉此練習關注並重視自己的警鈴，好讓它大部分時間都處於平靜狀態。在理想世界中，每一段經驗都有其價值，而且每個人每一刻都在做出貢獻。在理想世界中，我們會避免觸發彼此的警鈴，大家都有能力辨識彼此的導火線，並且善用警鈴發送的訊息建立可靠的組織。

我們希望你千萬要記得，理想世界不是一場夢，而是全人類的覺醒：明白大腦的運作方式，也明白如何讓大腦專注於對個人及團體生活最重要的需求及機會。打造這個新世界不需要鋪天蓋地的行銷廣告，也不需要全新的世界性組織，只要有你的貢獻就足夠。

從警鈴手中取回大腦的控制權，將警鈴和學習腦的合作關係調整到最佳狀態，練習管理警鈴的技巧，就這樣，一次從一個人開始，重獲平靜、自信和自我控制。這種新做法將會遍及全世界。

而這一切就從你開始。每次當你管理自己的警鈴，體驗到無壓力的自由，就是一次新的開始。

附錄一 延伸閱讀

我們希望這本書可以發揮說明書該有的功能，幫助你了解壓力如何影響大腦，以及透過學習讓大腦專注的科學方法，重拾對生活的掌控權。如果你希望更進一步了解SOS和FREEDOM模式的科學與臨床基礎，以下是我們推薦的著作：

- Allen, J., P. Fonagy, & A. Bateman *Mentalizing in Clinical Practice.* Washington, DC: American Psychiatric Association, 2008.
- Courtois, C. A. & J. D. Ford. *Treating Complex Trauma: A Sequenced, Relationship-Based Approach.* New York: Guilford, 2012.
- Courtois, C. A. & J. D. Ford, eds. *Treating Complex Traumatic Stress Disorders: An Evidence- Based Guide.* New York: Guilford, 2009.
- Ford, J. D. Posttraumatic *Stress Disorder: Scientific and Professional Dimensions.* Boston:

Elsevier, The Academic Press, 2009.

- Ford, J. D. & C. A. Courtois, eds. *Treating Complex Traumatic Stress Disorders in Children and Adolescents: An Evidence- Based Guide.* New York: Guilford, 2013.
- Herman, J. L. *Trauma and Recovery: The Aftermath of Violence— from Domestic to Political Terror.* New York: Basic Books, 1992.

如果你想更深入了解神經科學和大腦的基本知識，我們最推薦的資源如下：

- Fosha, D., D. J. Siegel, & M. F. Solomon. *The Healing Power of Emotion: Affective Neuroscience, Development & Clinical Practice.* New York: Norton, 2009.
- Lanius, R. A., E. Vermeten, & C. Pain, eds. *The Impact of Early Life Trauma on Health and Disease: The Hidden Epidemic.* New York: Cambridge University Press, 2010.
- Perry, B. D. and Maia Szalavitz. *The Boy Who Was Raised as a Dog: And Other Stories from a Child Psychiatrist's Notebook.* New York: Basic Books, 2007.
- Schore, A. N. *Affect Regulation and the Repair of the Self.* New York: Norton, 2003.

- Siegel, D. J. *The Mindful Brain: Reflection and Attunement in the Cultivation of Well-Being.* New York: Norton, 2007.

下列是我們推薦有關減輕壓力的經典之作，當你知道如何運用SOS和其他FREEDOM技巧，你會發現這些著作中提到的方法更值得一試。

- Allen, D. *Getting Things Done: The Art of Stress- Free Productivity.* New York: Penguin Books, 2002.
- Bloom, S. L. R. *Creating Sanctuary: Toward the Evolution of Sane Societies.* New York: Routledge, 1997.
- Davis, Martha, Elizabeth Robbins Eshelman, and Matthew McKay. *The Relaxation and Stress Reduction Workbook.* Oakland, California: New Harbinger Publications, 2008.
- Kabat- Zinn, Jon. *Full Catastrophe Living: Using the Wisdom of Your Body and Mind to Face Stress, Pain, and Illness.* New York: Delta, 1991.
- Lehrer, Paul M., Robert L. Woolfolk, and Wesley E. Sime, eds. *Principles and Practice of*

Stress Management, Third Edition. New York: Guilford Press, 2008.

- Leyden- Rubenstein, Lori A. *The Stress Management Handbook: Strategies for Health and Inner Peace.* New Canaan, Connecticut: Keats Publishing, 1998.
- Luskin, Fred and Ken Pelletier. *Stress Free for Good: 10 Scientifically Proven Life Skills for Health and Happiness.* New York: HarperCollins, 2005.
- Siegel, D. J. *Mindsight: The New Science of Personal Transformation.* New York: Bantam Books, 2010.
- Wehrenberg, Margaret. *The 10 Best- Ever Anxiety Management Techniques: Understanding How Your Brain Makes You Anxious and What You Can Do to Change It.* New York: W. W. Norton & Company, 2008.

附錄二　SOS技巧摘要

我們一直在練習的SOS 技巧，是藉由專注自身最重視的事來管理壓力，有點類似於你努力專心一致把某件事情做好。在專注的過程中，一定需要選擇一件事來集中注意力，同時避免自己分心。運用SOS進入專注狀態的特殊之處在於，你選擇關注的單一目標**必須是此時此刻在你生活中最重要的事**。

專注於自己目前最重視的事物，能夠有效緩和壓力反應。當我們認為或覺得自己**必須**解決問題，就會產生壓力。執行SOS，等於向大腦警鈴確保你有能力清晰思考、專心執行手中的任務，並且準備好面對任何挑戰。

以下幫大家重新複習SOS的三個步驟。

步驟一：跳脫現狀

跳脫現狀指的是重新投入當下，也就是關注周遭環境以及大腦與身體的情況。跳脫現狀的第一步，是要重新連結大腦思考中樞與大腦警鈴之間的溝通管道。

以下這些常見方法有助於跳脫現狀：

- 清空大腦中的一切想法（就像把黑板擦乾淨一樣）
- 放慢心理和生理活動的步調
- 閉上雙眼，專心聆聽
- 欣賞美的事物
- 從一數到十
- 刻意深呼吸三次

步驟二：重新定位

重新定位指的是將注意力完全集中在單一想法上。這個想法可以是影像、感官體驗、情緒、價值觀或目標，只要是此刻在你生活中最重要的事即可。專注於單一想法可以啟動思考中樞，也就是大腦的額葉，進而緩和大腦警鈴。

重新定位的常見範例包括：

- 家長享受地看著孩子玩耍
- 畫家專注於畫筆的觸感
- 高爾夫球選手一心想著下一次揮桿
- 領導者暫停手邊的工作，感謝自己的團隊
- 教師重新閱讀學生充滿說服力的作文
- 用餐的人仔細品嚐美味食物
- 忙碌的主管停下工作，想像最愛的度假地點

- 歌手專心感受唱歌時的喜悅
- 機長在降落時想像安全落地的畫面
- 你想著最喜歡的地點或對象

你為自己重新定位的目標必須非常明確，而且必須和你人生中美好且安全的事物有關。在重新定位的過程中，你並沒有要試圖修正或解決任何問題，只是單純欣賞你人生中擁有的美好，並且從中感受到意義和自信。

步驟三：自我檢查

自我檢查指的是用一到十的來衡量你目前的壓力和自我控制指數。你可以運用以下兩種簡單而實用的量表：

壓力指數

1	處於毫無壓力的最佳狀態
2	
3	
4	
5	確實有壓力但可控制
6	
7	
8	最難以承受的壓力
9	
10	

壓力沒有好壞之分，單純只是身體和大腦為了協助你維持安全而產生的生理反應。就算「十」是你有史以來感受過最高的壓力，偏高的壓力指數也不是什麼你無法應付的危機，只是大腦認知到你正面臨嚴峻的處境。你只需要做足準備來應對挑戰就行了。

若你的壓力指數落在「一」或「二」，就像經過一夜好眠、充分休息後醒來的狀態，你會感覺到心平氣和、愉悅活力、煥然一新。

自我控制指數

指數	控制程度	說明
1	控制程度偏低	未經思考就反應
2		
3		
4		
5	部分程度的自我控制	嘗試先思考再反應
6		
7		
8	高度自我控制	非常清晰地思考
9		
10		

自我控制就是清晰思考的能力，高達「九」或「十」的自我控制表示思緒極為清晰，沒有因為任何源自大腦警鈴的擔憂、憤怒、恐懼或懷疑情緒而分心。「一」則表示你感到困惑，感受到壓力，或發現自己在面臨壓力時會不經思考就做出反應。

評估自己的壓力和自我控制指數，有助於啟動大腦的思考和記憶中樞，而不只是依照警鈴的指揮產生反應。如果「跳脫現狀」和「重新定位」仍無法緩解壓力，檢查自己的壓力和自我控制指數可以喚醒大腦的思考和記憶中樞，接著啟動清晰思考的流程。

附錄三 FREEDOM技巧摘要

專注（Focusing）：指的是透過執行SOS將個人效能提升到極致。除了在感到壓力時這麼做，最重要的是在沒有壓力時經常練習。你在非警覺狀態下練習專注，可以為引發壓力的情況做準備，讓自己具備更快緩和大腦警鈴（並重獲自我控制）的能力。專注不只是為了管理壓力，也是為了發揮個人潛能並善用你的人生。

辨識導火線（Recognizing triggers）：運用思考中樞，徹底釐清當下究竟是什麼引起警鈴的注意。當你有意識地關注觸發警鈴的根源，就更能清晰思考應對方法，而這也有助於建立警鈴和思考中樞之間的合作關係。

發揮情緒力量（Empowering your emotions）：指的是聆聽自己的警鈴以及隨之而來的反射性情緒。發揮情緒力量也需要啟動記憶中樞，勾起足以代表你絕佳狀態的情緒。當你成功從過去喚出最佳狀態情緒，大腦便有能力辨識警鈴情緒，並且重新定位到你此刻想要感受的情緒。同時關注警鈴的反射性情緒和最佳狀態情緒，等於進一步強化警鈴和思考中樞的合作，而這種合作關係正是緩和警鈴及有效管理壓力時容易遺漏的關鍵。

實踐核心價值（Exercising your core values）：在實踐核心價值的過程中，首先你需要關注警鈴對眼前的壓力所傳達的訊息。思考中樞會先評估這些訊息，而不只是直接反應。接著思考中樞可能會建立新的價值，或是從記憶中樞喚出足以代表你人生中最重要事物的想法。

制定最佳目標（Determining your optimal goals）：制定最佳目標的方法，是分辨警鈴迫使你追求的目標，以及反映你核心價值的目標。當你能夠分辨出警鈴目標，並且啟動思考中樞，將你的核心價值注入其中，進而擴展目標的層次，你的自我控制程度就會隨之提升。

做出最佳選擇（Optimizing your choices）：要想做出最佳選擇，你必須隨時記得自己握有掌控權，可以在兩個重要選項之間做出選擇。第一個選項是聽從警鈴指令，解決問題並遠離危險。第二個選項是遵循最佳目標，以核心價值為行動原則。在採取行動前仔細衡量這兩個選項，思考中樞和警鈴的合作就大功告成了。能夠創造雙贏的選擇，就是最能有效緩和並重設警鈴，讓你真正獲得自我控制的唯一方法。

做出貢獻（Making a Contribution）：每當你讓大腦專注，並且根據最佳目標及大腦警鈴提供的資訊來做選擇，就是在協助打造一個更美好的世界。你沒有任由警鈴反應徹底主宰自己的生活，而是把這些壓力當作提醒，把注意力放在人生中真正重要的事物上。你無法單打獨鬥建立理想世界，但是當你緩和大腦警鈴，也可以幫助周遭的每一個人讓緩和自己的警鈴，無疑是為世界上每一個人做出有益的貢獻。

謝辭

朱利安：我要對客戶、指導者、同事、學生、朋友和家人致上深深的謝意，感謝各位讓我學會如何將壓力轉化成有價值的人生，進而豐富了我的職業生涯和生活。尤其感謝我的父母、女兒、女婿和孫子女，以及我在職業生涯和人生的伴侶，我的妻子茱蒂。

喬恩：我要特別感謝包伯・巴切爾德（Bob Bachelder）和珍・華特曼（Jen Wortmann），也謝謝Pilgrim以及Healthy Living Group高層及工作人員的支持與才智。

我們誠摯感謝經紀人賈爾斯・安德森（Giles Anderson）讓這本書成功出版，也由衷感謝編輯莎娜・德雷斯（Shana Drehs）協助我們將這樣的新思維化為文字。

國家圖書館出版品預行編目（CIP）資料

壓力管理大腦使用手冊：科學鍛鍊大腦最佳狀態,高壓下保持清晰思維/朱利安.福特(Julian Ford), 喬恩.沃特曼(Jon Wortmann)著；廖亭雲譯. -- 二版. -- 新北市：日出出版：大雁出版基地發行, 2024.04
面； 公分
譯自：Hijacked by your brain : how to free yourself when stress takes over
ISBN 978-626-7460-11-5(平裝)

1.CST: 壓力 2.CST: 生理心理學

172.1 113004129

壓力管理大腦使用手冊(二版)

科學鍛鍊大腦最佳狀態，高壓下保持清晰思維

Hijacked by Your Brain: How to Free Yourself When Stress Takes Over

作　　者　朱利安・福特 (Dr. Julian Ford)、喬恩・沃特曼 (Jon Wortmann)
譯　　者　廖亭雲
責任編輯　李明瑾
協力編輯　吳愉萱
封面設計　謝佳穎
發 行 人　蘇拾平
總 編 輯　蘇拾平
副總編輯　王辰元
資深主編　夏于翔
主　　編　李明瑾
行　　銷　廖倚萱
業　　務　王綬晨、邱紹溢、劉文雅
出　　版　日出出版
發　　行　大雁出版基地
新北市新店區北新路三段207-3號5樓
電話(02)8913-1005　傳真：（02）(02)8913-1056
劃撥帳號：19983379 戶名：大雁文化事業股份有限公司
二版一刷　2024年4月
定　　價　480元

I S B N　978-626-7460-11-5

Hijacked
by Your
Brain

Hijacked
by Your
Brain

Hijacked
by Your
Brain

Hijacked
by Your
Brain